身 体 功 能 训 练 动 作 指 导 丛 书

功能性训练动作解剖图解

快速伸缩复合训练

FUNCTIONAL TRAINING

沈兆喆 王雄 主编

人 民 邮 电 出 版 社
北 京

图书在版编目（C I P）数据

功能性训练动作解剖图解 ：快速伸缩复合训练 / 沈兆喆，王雄主编. -- 北京 ：人民邮电出版社，2021.7（2023.10重印）
（身体功能训练动作指导丛书）
ISBN 978-7-115-55008-8

Ⅰ. ①功… Ⅱ. ①沈… ②王… Ⅲ. ①运动训练—图解 Ⅳ. ①G808.1-64

中国版本图书馆CIP数据核字(2020)第193364号

免责声明

内 容 提 要

本套丛书由国家队体能教练沈兆喆和国家体能训练中心负责人王雄联合主编，从教练及运动员非常关注的、可有效提升运动表现的“快速伸缩复合训练”“力量训练”以及“躯干支柱力量训练”三个板块入手，将理论讲解与实际训练指导相结合，致力为广大教练、运动员、健身爱好者提供一个功能性训练理论与实践相衔接的桥梁，从而更好地指导训练。

本书介绍的是功能性训练体系中的“快速伸缩复合训练”，其不仅从功能性训练的角度，讲解了快速伸缩复合训练的生理学机制、训练类型及训练阶段等基础知识，还从不同的动作模式和身体部位出发，提供了丰富的配有关键动作肌肉解剖图的训练动作，并给出了训练计划的设计原则、思路及示例，可以有效帮助练习者科学训练，进而有效优化日常活动和专项运动表现。

◆ 主　　编　沈兆喆　王　雄
　责任编辑　林振英
　责任印制　马振武

◆ 人民邮电出版社出版发行　　北京市丰台区成寿寺路 11 号
　邮编　100164　　电子邮件　315@ptpress.com.cn
　网址　https://www.ptpress.com.cn
　廊坊市印艺阁数字科技有限公司印刷

◆ 开本：700×1000　1/16
　印张：12.5　　2021 年 7 月第 1 版
　字数：225 千字　　2023 年 10月河北第 3 次印刷

定价：88.00 元

读者服务热线：(010)81055296　印装质量热线：(010)81055316
反盗版热线：(010)81055315
广告经营许可证：京东市监广登字 20170147 号

动作视频在线观看说明

本书提供部分训练动作的教学视频，您可通过微信“扫一扫”，扫描书中的二维码进行观看。

步骤 1　打开微信“扫一扫”（图 1）。

步骤 2　扫描动作练习页面上的二维码。

步骤 3　如果您尚未关注微信公众号“人邮体育”，扫描后会出现“人邮体育”的二维码。请根据说明关注“人邮体育”，并在关注后点击“资源详情”（图 2），即可进入动作视频观看页面（图 3）。如果您已关注微信公众号“人邮体育”，扫描后可直接进入动作视频观看页面。

图 1　　图 2　　图 3

人体主要肌肉

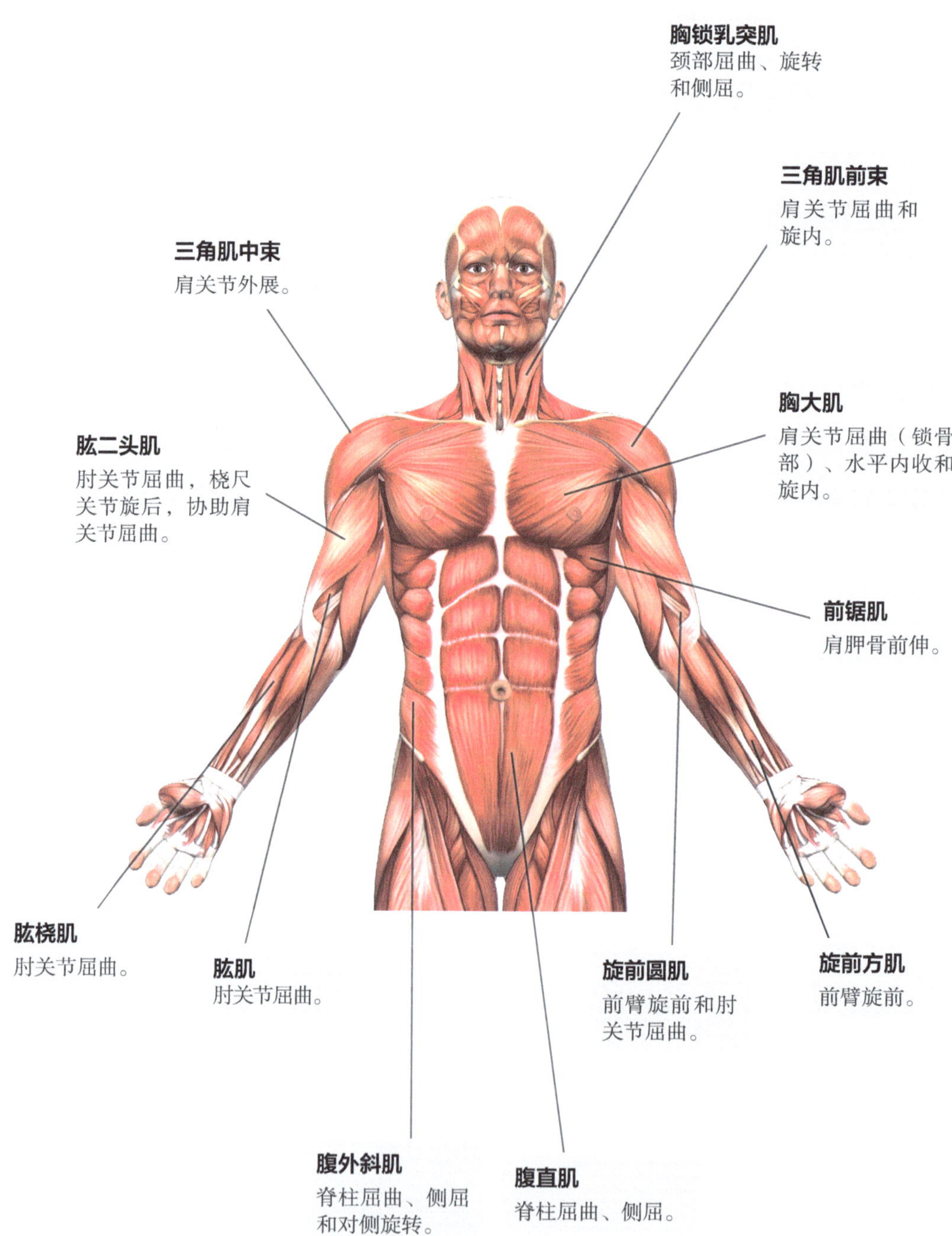

◆ 上半身前视图

缝匠肌
髋关节屈曲、旋外，膝关节屈曲、旋内。
阔筋膜张肌
髋关节屈曲、外展和旋内。
长收肌
髋关节内收、屈曲和旋外。
大收肌
髋关节内收、屈曲和伸展，以及旋内和旋外。
股直肌
膝关节伸展、髋关节屈曲。
股中间肌
膝关节伸展。
股外侧肌
膝关节伸展。
股内侧肌
膝关节伸展。
胫骨前肌
踝关节背屈和足内翻。
腓骨长肌
踝关节跖屈和足外翻。

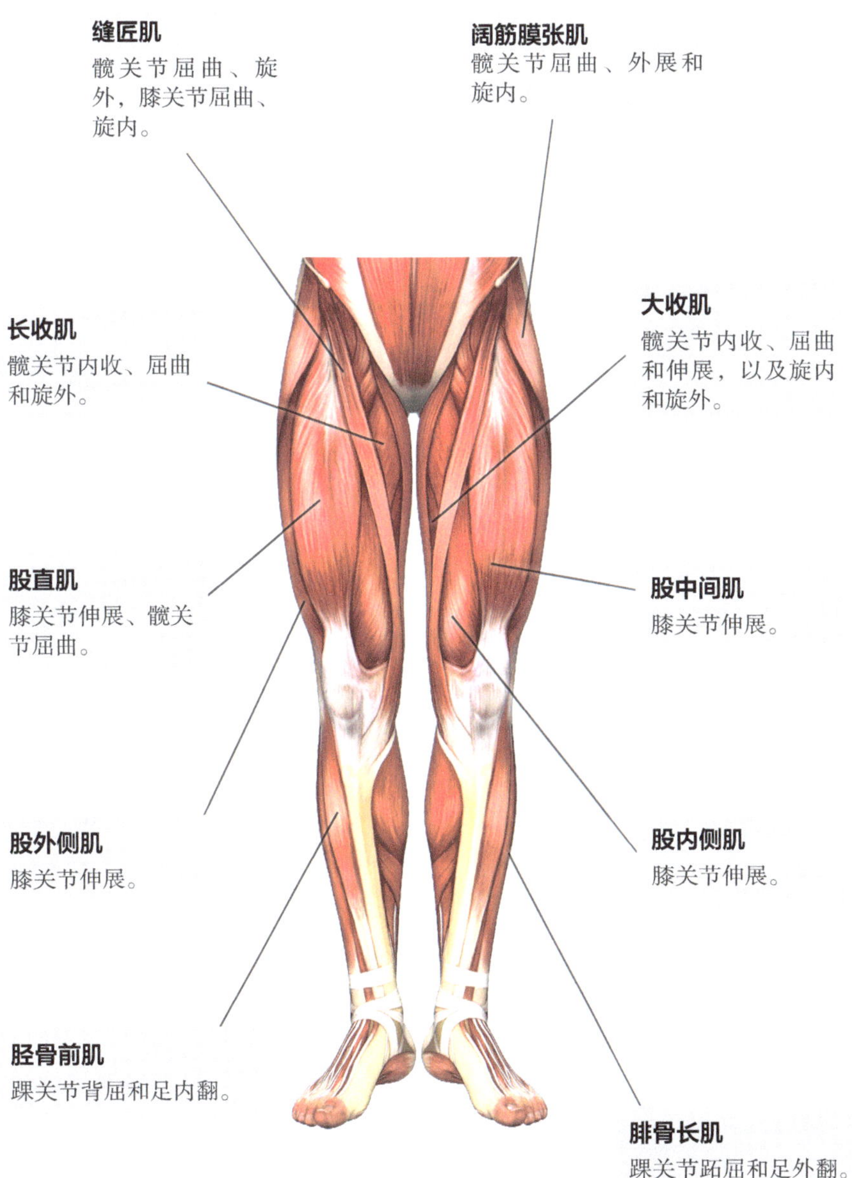

◆ 下半身前视图

斜方肌上束
颈椎伸展、侧屈和旋转，肩胛骨上提。
肩胛提肌
肩胛骨固定时，颈椎伸展、侧屈和向同侧旋转；颈椎固定时，辅助肩胛骨上提和下回旋。
斜方肌中束
肩胛骨后缩。
斜方肌下束
肩胛骨下降。
三角肌后束
肩关节伸展和旋外。
冈下肌
肩关节旋外。
大圆肌
肩关节旋内、内收和伸展。
小圆肌
肩关节旋外。
肱三头肌
肘关节伸展，肩关节伸展。
背阔肌
肩关节伸展、内收和旋内。
肘肌
肘关节屈曲。

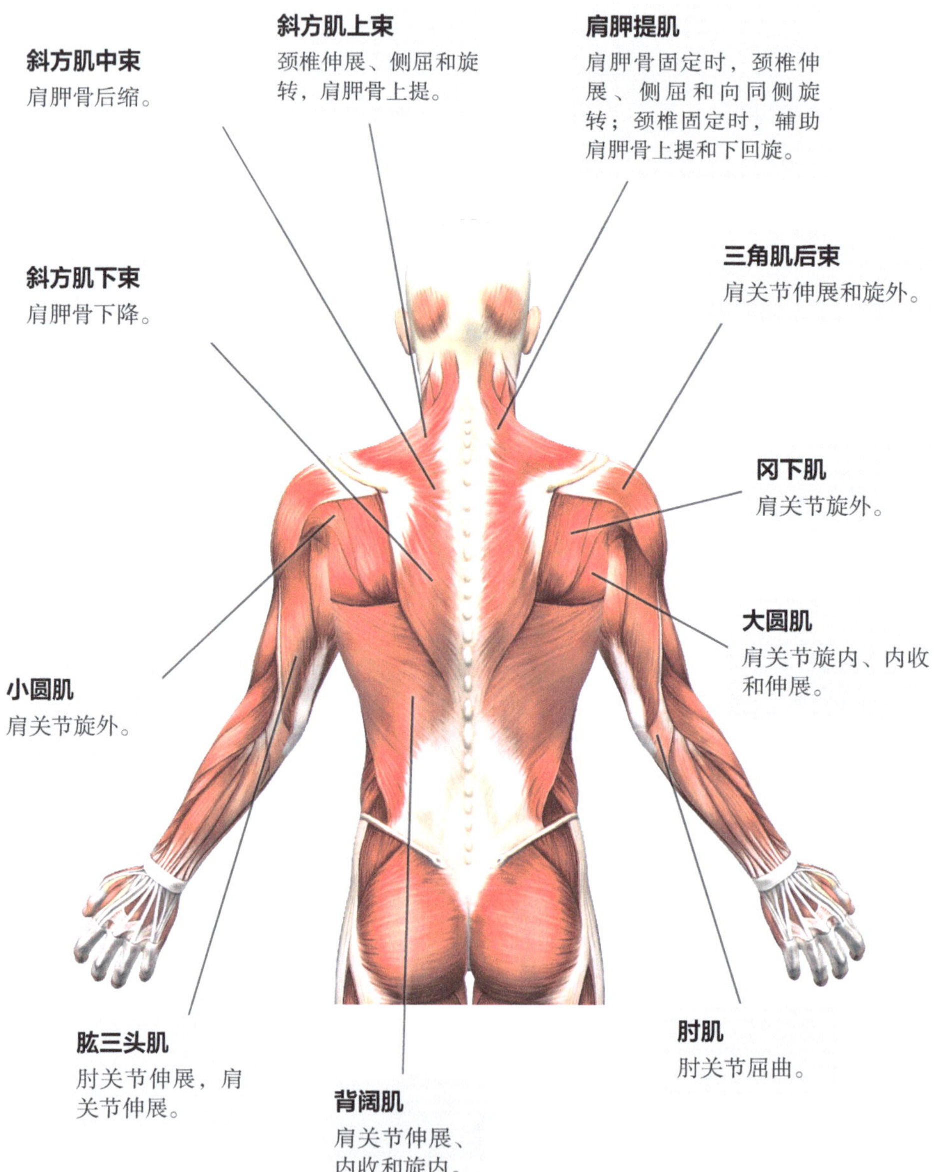

◆ 上半身后视图

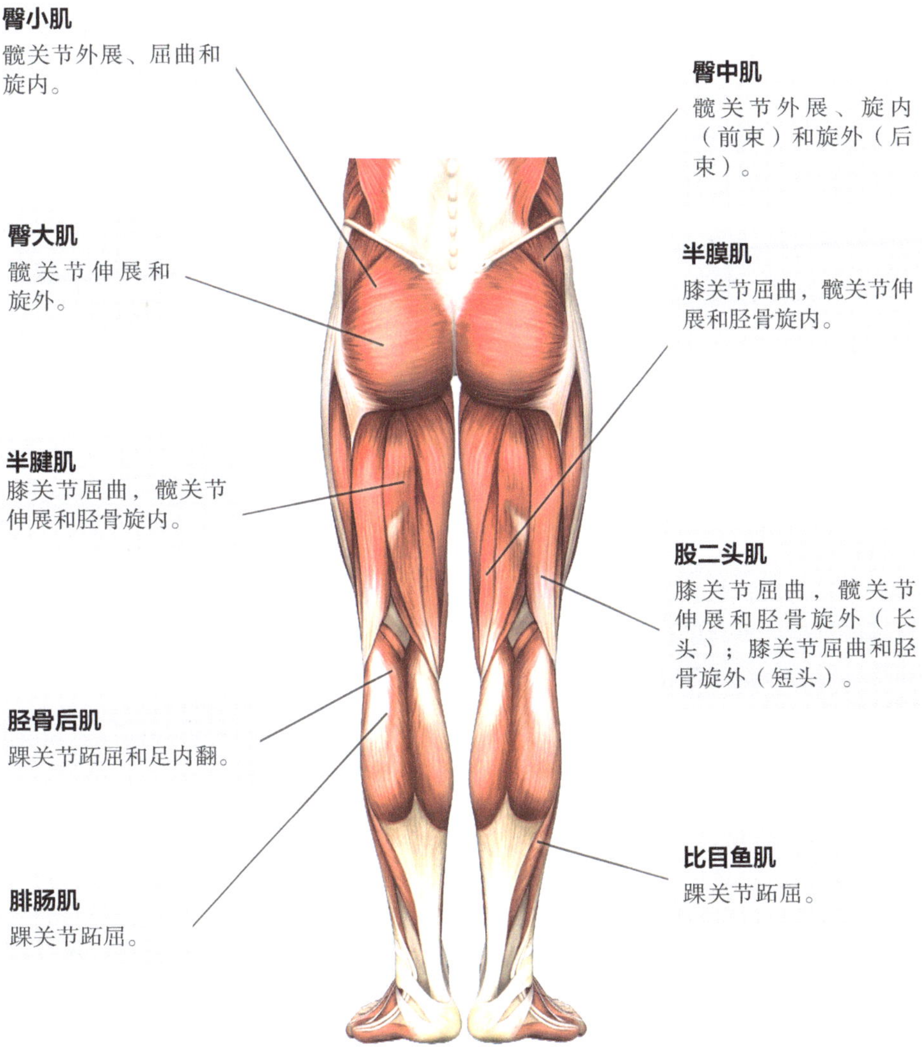

臀小肌

髋关节外展、屈曲和旋内。

臀中肌

髋关节外展、旋内（前束）和旋外（后束）。

臀大肌

髋关节伸展和旋外。

半膜肌

膝关节屈曲，髋关节伸展和胫骨旋内。

半腱肌

膝关节屈曲，髋关节伸展和胫骨旋内。

股二头肌

膝关节屈曲，髋关节伸展和胫骨旋外（长头）；膝关节屈曲和胫骨旋外（短头）。

胫骨后肌

踝关节跖屈和足内翻。

比目鱼肌

踝关节跖屈。

腓肠肌

踝关节跖屈。

◆ 下半身后视图

Contents

第 1 章 功能性训练

第 2 章 快速伸缩复合训练基础

第 3 章 下肢快速伸缩复合训练

第 1 章

功能性训练

1.1 功能性训练简述

功能性训练是目前世界上最受欢迎的训练体系之一，它符合竞技体育时代运动员从本质上提升身体功能的需求。“功能性训练”中的“功能”也就是基于身体最基本活动的运动表现。功能性训练，既能广泛应用在各种大众健身活动中，也能用于专项的运动训练中。因此关于功能性训练的定义，在竞技运动领域既有广义的表述，也有狭义的表述。前者将“功能性训练”定义为人们为了提升生活中进行各种日常活动的能力和运动表现而进行的训练；后者则将其定义为练习者为了提升专项运动能力，以基本的、正确的身体姿势和动作为基础进行的训练，其训练意在整合和优化身体最基本的运动能力，从而达到纠正动作模式、提升脊柱力量、优化动力链、加快身体机能的恢复与再生等目的，最终服务于专项运动能力的提升。

功能性训练最早源自医疗康复领域，在运动员发生运动损伤进行恢复治疗时，物理治疗师会在康复过程中加入一些基本的恢复身体功能、纠正身体姿态的练习，使运动员的竞技水平尽快恢复。这些基本的恢复身体功能、纠正身体姿态的练习，就是最初所谓的“功能性训练”。随着竞技体育的发展，职业运动员在发生运动损伤后，为了尽快恢复身体功能与竞技水平，功能性训练被运用得越来越广泛，并形成了独有的训练体系。由于功能性训练对提升竞技水平有较好的促进作用，进而被推广至专业的竞技体能训练领域，并得到了长足的发展。

但功能性训练还一直处于发展状态中，其定义的范畴、训练的适用范围在不断扩大，并衍生了很多新概念，训练方法也越来越多样化，因此“功能性训练”还并未形成一个固定定义，关于它定义的界定，还一直处于发展和讨论之中。我们前面所讲述的定义，也都存在着争议，但这是目前对功能性训练比较普遍的认知。

1.2 功能性训练的动作模式特点和训练理念

与传统的体能训练相比，功能性训练在动作模式和训练理念上具有以下特点。

动作模式特点

- 动作多样化

与传统训练相对单一的动作相比，功能性训练动作有丰富的动作模式，包括推、拉、蹲、跳跃、翻滚、爬行、体屈、体转等。这些动作模式是以人体的三个基本运动平面和三个运动轴为基础，按照时间、次序等要求进行的一系列组合的动作。功能性训练的作用就是不断使人们学习并发展这些动作技能，使人体运动系统的结构和功能发生适应性变化，并将这些变化表现在人体自身已具有的动作或动作模式上，从而提升其运动表现。

■ 动作多维度

功能性训练强调多维度、多平面的动作，强调多关节参与。大部分传统的力量训练，会将身体各部分的训练分隔开，对人体单一部位进行单维度的练习，追求的是肌肉的增长与力量的增强；而功能性训练中，多维度的动作是基于关节的训练，将动作视为相互关联的整体系统。这样锻炼的结果就是身体功能得到协调发展，身体的控制能力、关节的灵活性和稳定性都能得到增强，所做的动作更为精确，效率更高，并且能降低运动损伤发生的概率。

■ 无稳定平面作为支撑

虽然功能性训练不排斥各种训练器材的使用，但并不拘泥于此，它更多强调的是人体在没有稳定平面作为支撑时的动作，在动态动作中保持身体平衡，并发展脊柱的稳定性，增强人体的平衡能力。动态性的训练还可以增强人体的本体感觉，提升神经系统对肌肉的控制能力，从而优化运动表现。

训练理念

■ 以基本动作模式为基础，有效提升运动表现

功能性训练强调正确动作对运动的重要性，强调对基本动作模式的训练。基本动作模式的训练，能从本质上训练主动肌、拮抗肌、协同肌之间的相互协作关系，提升肌肉的工作效率，从基础上提升运动表现。

■ 强调身体的对称性，更好地强化身体弱链

功能性训练可以筛查并发现人体动力链中较薄弱的环节。这些薄弱环节的存在，使身体出现不对称、不平衡的情况，影响运动员的竞技表现，并容易造成运动损伤。功能性训练能够有效整合机体内的系统功能，激活并强化人体深层肌肉和薄弱肌肉，协调大小肌群、深层与浅层的肌肉共同参与运动，使人体能够均衡地发展。

■ 改善关节功能性

传统意义上，我们会认为关节越稳定，其灵活性也就越差；反之当我们试图提高关节的灵活性时，其稳定性则会受影响。关节是骨与骨之间的连接，作为人体活动的枢纽和缓冲器，在人体运动中能够有效地传递力，但也正是由于关节的这些重要功能，关节成为非常容易出现运动损伤的部位。关节面的磨损、关节周围韧带的拉伤和扭伤、关节周围肌肉的拉伤，在运动中发生的概率很高。因此，针对关节的训练，既要有稳定性训练，使需要稳定的关节的周围肌肉更有力，从而保障关节的稳定性；又要有灵活性训练，使需要灵活的关节在关节可活动范围内，尽量扩大动作范围。

■ 发展支柱力量，强调动力链的能量传输效果

支柱是人体的核心，连接人体的上下肢，因此支柱力量训练是功能性训练中重要的组成部分。支柱力量对提升人体的平衡性、协调性以及对身体的控制能力，都有极其重要的作用。支柱越稳定，其动力链的能量传输效率越高。因此，在进行上下肢力量或移动训练之前进行支柱力量训练会起到事半功倍的效果。

■ 强调构建正确的动作模式，使动作更加经济有效

在功能性训练中，强调的是动作的正确性，而不是肌肉有多强大。强大的力量在错误的动作模式下未必能够发挥最佳的效果，因此构建正确的动作模式是功能性训练的主要目的。接受正确的动作模式训练后，运动员的动作可以做得更加精确，其动作的经济性也能得到提高，用更小的力发挥出更好的效果。

■ 强调运动员的运动损伤预防和可持续发展的能力

随着竞技体育的不断发展，运动损伤的预防越来越受到人们的重视。作为功能性训练的组成部分，功能动作筛查能够对人体存在的功能障碍进行有效的识别，并通过纠正性练习对错误的动作模式进行干预，弥补身体的不对称性，减小运动损伤的发生风险，这可以在一定程度上延长运动员的运动寿命，增强其可持续发展的能力。

1.3 训练的功能性和有效性的简易判别

如何判断一名运动员的功能性训练是否具备功能性、是否有效，这是运动员和教练都想知道的问题。下面推荐几种简易的判别方式。

生物力学特征是否与专项运动相符

通常进行功能性训练时，训练动作越贴近专项运动的动作，那么这项练习就越具备专项功能性，事实上这种类型的练习也是专项练习中不可缺少的功能性训练。除此之外，还有很多训练动作并不贴近专项运动的动作，但由于这类动作在生物力学特征上与专项运动的动作相符，同样适用于专项训练。如瑞士球的单腿臀桥军步动作，或 BOSU 球的单腿臀桥军步动作，虽然这两种练习所采用的卧姿状态与跑步的垂直状态不同，但它们在生物力学的特征上与跑步相似，可以针对跑步的功能性进行训练。

是否是无痛训练

伤病的疼痛几乎是运动员的常见体验之一，克服疼痛也是运动员经常需要面对的问题。功能性训练强调优化动作模式，确保训练时动作的正确性。如果在训练过程中出现了疼痛的现象，则表明肌肉可能存在紧张或薄弱的情况，或

者关节没有在正确的力线上运动，甚至关节出现了骨性的改变，那么所进行的功能性训练可能是无效的，运动员也无法取得最佳的运动表现。因此，通过减小关节的活动范围等手段使运动员在无痛的情况下训练，循序渐进地纠正其功能障碍，这类功能性训练才能行之有效。

是否有良好的控制能力

良好的控制能力是功能性训练的主要特点之一，练习者如果想判断自己的功能性训练在一定时期内是否有效，可观察自身神经对肌肉的控制能力是否得到提升。得到正确锻炼的人体，动作会更加协调、流畅，身体平衡能力和稳定性会显著提升，产生的力会变得更大，身体做功效率也会明显得到提升。动作效率与精准性的提高，可以减小关节的负荷，减少关节的磨损，对运动损伤的预防有积极意义。

训练是否稳中有进

这里所谓的“稳”，不仅指的是训练中是否能够掌控身体的稳定性，更重要的是功能性训练的整体质量是否能够长期保持高效；所谓的“进”，也不是指单独以是否推起更大重量、是否跑得更快或者是否在相同动作、相同强度下推起的次数更多来衡量进步。固然，这些也都是训练进步的表现，但对于功能性训练来说，动作模式的精确性提高以及功能性动作的难度与复杂性提高才是重中之重。例如，一名练习者能够在旋转 90 度的交换跳后单腿落地时保持稳定，当动作升级为更高难度的旋转 180 度的交换跳，经过一段时间的训练，其落地时也能保持身体稳定，则表明其身体的控制能力变得更强了。这种能力的提升更加容易转化到其竞技表现中。

为什么要强调“稳定”地进步，这是由功能性训练的目的决定的。功能性训练，强调的是人体最基本的功能，它的每个进步都需要扎实的训练基础。如果训练时，练习者在刚刚掌握基本动作，甚至动作不达标的情况下，就想进入下一阶段的练习，没有一个循序渐进的过程，对整个训练过程不但起不到促进作用，反而会从实际上减慢训练进程。因为身体的基本动作模式没有得到扎实锻炼，运动表现也就不能得到相应的提升。

第 2 章

快速伸缩复合训练基础

2.1 快速伸缩复合训练概念简述

Plyometric 是希腊文的合成词，字面上的意思是增加程度（“plio-”表示增加或更多的，“metric-”表示程度或长度）。如今我们将含有预先拉长或反向动作且快速、具有爆发力的训练动作称为快速伸缩复合训练（Plyometrics），其也被称为超等长训练、反应性训练或增强式训练。我国在 20 世纪曾将其称为“跳深训练”，它通常以跳跃或冲击物体表面的形式出现，最早广泛运用于跳高、跳远、三级跳远、短跑等田径项目。随着运动科学的发展，快速伸缩复合训练又逐渐运用于含有跳跃动作或快速移动动作的运动项目中，如篮球、排球、羽毛球、橄榄球等，以提升运动员的竞技表现。如今，随着大众对运动训练的认知不断加深，快速伸缩复合训练也受到广大健身爱好者的喜爱，并迅速在健身领域流行起来。

田径教练尤里·维尔霍山斯基在 20 世纪 60 年代末发明了一种新的训练方法，当时被称为冲击式训练（Shock Method）。这种训练方法主要体现为运动员从高处落地，落地时受到冲击，在极短时间内肌肉由离心收缩转为向心收缩。他认为如果运动员想达到更高的肌肉水平，那么他们必须接受与常规训练方法不同且独特的刺激。

当这种方法传入美国后，它在美国得到了长足发展，这与迈克尔·耶西斯和弗雷德·威尔特的努力密不可分。迈克尔·耶西斯作为美国生物力学和运动学的专家，长期在《国际健身与体育评论》上翻译和发表关于训练方面的文章，并且向尤里·维尔霍山斯基等一批专家学习相关的运动训练方法与技巧。而弗雷德·威尔特作为美国长跑运动员，在奥运会赛场上看见一些运动员在田径比赛前的热身准备活动中进行了大量的跳跃类练习，而美国运动员更多的是采取静态拉伸这类方法，因此他坚信那些进行了跳跃类练习的运动员在许多项目中取得成功可能与这种跳跃类练习密切相关。当弗雷德·威尔特得知迈克尔·耶西斯在训练方法领域所做的工作以后，20 世纪 80 年代初，经迈克尔·耶西斯的介绍，弗雷德·威尔特与尤里·维尔霍山斯基一起工作和学习，并将当时被称为“冲击式训练”的训练方法带回了美国，并为这种训练方法创造了新的名词，那就是“Plyometrics”。这个词似乎很恰当地描述了由单脚跳、双脚跳和交换跳组成的练习，田径运动员一般都会通过这些运动来提高自己在比赛中的能力。但传统的快速伸缩复合训练的特征是超高强度的跳深，同时保持较低的训练频率和负荷力量，组间和重复次数之间的训练间歇也相对较长。

而现代的快速伸缩复合训练，不仅将冲击式训练的部分内容转化，并且也包含了快速伸缩复合训练的肌肉收缩形式。这种肌肉收缩形式是指在一定负荷下，利用拉长－缩短周期预先将肌肉拉长，而后造成强有力的肌肉向心收缩。而拉长–缩短周期也受负荷和拉长速率的影响，因此，现代的快速伸缩复合训练不仅包括高强度的跳深练习，也包括跑步、小负荷跳跃或者多方向移动等动作，这类动作仍具备爆发性，但与传统快速伸缩复合训练相比，肌肉的离心收缩负荷较小。

如今，快速伸缩复合训练除了运用于提升运动表现以外，也逐渐作为降低运动损伤风险、改善运动功能和评估运动员是否能够重返赛场的方法以运用于康复领域。但我们必须要明白的是，你所指导的运动员或普通大众在进行快速伸缩复合训练之前，必须拥有足够强的核心力量、较高的关节稳定性和较好的关节活动范围，并且具备良好的平衡能力。总而言之，快速伸缩复合训练不适合存在动作功能障碍或健康问题的人群。为了能够更好地将快速伸缩复合训练应用于实践中，我们有必要了解与快速伸缩复合训练相关的生理学机制。

2.2 快速伸缩复合训练的生理学机制

拉长–缩短周期

不同的肌肉收缩形式、神经参与以及结缔组织的弹性，促成了有效的快速伸缩复合训练，而我们可以通过拉长–缩短周期很好地解释这一现象。拉长–缩短周期利用串联弹性元储存能量的能力以及牵张反射机制，在最短的时间内最大限度地募集肌纤维。通常拉长–缩短周期涵盖 3 个不同阶段。第一个阶段是离心阶段，包含了对主动肌群的预负荷，在此阶段，串联弹性元储存弹性势能，并刺激肌梭，当肌梭被拉长时，通过 Ia 型传入神经纤维向脊髓并经由腹侧神经根沿 α 运动神经元发出信号。第二个阶段是从离心收缩到向心收缩的阶段，也被称为过渡阶段。肌肉离心和向心动作之间的延迟转换正是信号经 Ia 型传入神经纤维突触与处于脊髓腹侧根的 α 运动神经元之间的过程。能产生更大力量的最关键因素可能就是拉长–缩短周期的第二阶段，其持续时间必须很短，如果过渡阶段持续时间太长，那么在离心阶段储存的能量将作为热能消散，同时在向心阶段，牵张反射不会增加肌肉力量。第三阶段为向心阶段，是身体在离心和过渡阶段之后的反应。在这个阶段，储存于离心阶段串联弹性元中的能量要么用于增加后续动作的力，要么作为热能消散，相对于肌肉单独进行向心动作而言，这种储存的弹性势能增加了向心阶段动作产生的力，此外，α 运动神经元会刺激拮抗肌群，从而产生肌肉的向心动作（即牵张反射）。

牵张反射也叫肌肉伸张反射。肌肉在被拉长的瞬间便会做出反应，是人体最快的反射之一，也是拉长 – 缩短周期产生力量的关键机制。尽管快速伸缩复合训练动作中大部分力量是肌肉和肌腱通过其弹性特征释放出来的弹性力量，但其原理和橡皮筋类似，即牵张反射引起肌纤维的快速募集，对最后的力量输出起关键作用。肌肉的快速拉长会导致快肌纤维选择性激活和慢肌纤维失活。牵张反射主要用于监控肌肉拉长的程度，防止肌肉被过度拉长和损伤。这种自主反应会在短时间内调动特定肌肉中的大量肌纤维，确保肌肉在开始收缩之前的拉长程度在一个相对安全的范围之内。

肌肉与神经系统

肌梭（一种本体感受器）分布于骨骼肌中，相比躯干，四肢肌肉中的肌梭会更多。当肌肉被拉伸或收缩到一定的限度时，肌纤维长度会发生改变，此时肌梭内的感觉神经末梢受到刺激，进而使运动神经元放电，随着神经冲动的传递产生本体感觉。另一种感受器是高尔基腱器，是感受肌腱张力程度的本体感受器，由包绕着肌腱胶原纤维的感觉神经末梢组成。高尔基腱器位于肌腱中，当这种感受器觉察到肌肉被有力地拉长时，就会产生信号，并将信号传递给脊髓，从而对肌肉的变化产生一种抑制性作用。相比肌梭，高尔基腱器对牵拉的敏感性较弱，其需要较强的拉力才能被激活。这两种感受器在快速伸缩复合训练中均发挥着重要的作用。例如，如果运动员选择高度适当的跳箱，其会有足够的力量进行离心运动，以激活肌梭产生有力的向心收缩；如果选择的跳箱的高度超出了运动员的能力范围，很可能会产生肌腱快速拉长的情况，进而引起高尔基腱器的抑制性反应，并可能会阻断向心收缩。

虽然感受机制是快速伸缩复合训练中的一个重要的影响要素，但肌肉收缩在产生运动过程中也发挥着十分重要的作用。肌肉收缩时肌球蛋白与肌动蛋白相互滑动，从而使肌小节长度缩短或拉长，最终使得肌肉长度发生变化，但是肌丝本身的长度并没有发生变化。若干肌纤维集合成肌束，肌束外有较厚的结缔组织，其被称为肌束膜，肌束膜将每条肌束分隔开来，许多肌束构成了骨骼肌。大多数骨骼肌通过肌腱附着在骨骼上，肌肉收缩带动骨骼运动，完成各种动作。当肌肉被激活并发生拉长时，拉长后产生的收缩力量要比正常情况下同等长度的收缩力量更强。

发展爆发力的训练动作需要练习者能够尽可能多地募集现有的肌纤维，因此，神经在训练中发挥的作用也是不可或缺的。在运动中若中枢神经系统不能正常发出适当的信号，那么不管什么围度的肌肉，在爆发性的训练中都无法实现最大化地发力。在任何需要速度、爆发力或者最大力量表现的动作中，为了实现最佳运动表现，运动员需要在两次剧烈跳跃动作和投掷动作之间得到充分恢复。相比疲劳的运动员，恢复充分的运动员以及准备充分的运动员，更能从快速伸缩复合训练中获得好处。要想在之后保持或提高运动表现，在完成令人疲劳的拉长－缩短周期训练后，运动员至少需要长达5分钟的恢复时间。现在许多运动学家采用测力台或跳跃测试垫进行下落跳测试来检测运动员的中枢疲劳和外周疲劳，以及通过一些拉长－缩短周期动作来监控运动员的恢复和准备状态。

2.3 快速伸缩复合训练的类型及术语

快速伸缩复合训练的分类标准有很多种，按照强度进行分类，可分为最大强度和次最大强度（最大强度包含超高强度的激烈肌肉收缩形式，一般由跳深和其不同变化动作构成；次最大强度由低到中等强度的动作组成，包括除跳深以外的大部分动作）。按照训练方式进行分类，可分为冲击式和非冲击式（冲击式是以冲击接触为导向的，包括跳跃、快速收缩复合式俯卧撑等，通过身体与地面或物体产生直接的冲击接触而对肌肉收缩形式产生可逆性刺激；非冲击式是以非冲击接触为导向的，包括抛掷药球、砸药球等，即肌肉离心收缩和向心收缩阶段没有直接与需要被冲击的物体接触）。按照接触地面的时间长短进行分类，可分为快速型和慢速型（快速型的触地时间小于250毫秒，包括冲刺跑、跳远、三级跳远等；慢速型的触地时间大于251毫秒，包括步行、有反向式跳等）；当然也可以按照发力部位的角度进行划分，可分为以下三类。

上肢

上肢快速伸缩复合训练是快速伸缩复合训练的重要组成部分，它利用手臂的肌肉与富有弹性的结缔组织来训练手臂的爆发力，提升上肢在各类运动中的综合表现能力。

上肢快速伸缩复合训练的进行需要注意以下三个方面。首先，要循序渐进地训练，从最基本、最简单的动作做起，构建基础的、正确的、符合生物力学机制的上肢快速伸缩复合训练模式，然后再逐渐增加负荷；其次，针对某一项运动进行上肢快速伸缩复合训练时，动作要适合该运动；最后，注意在安全范围内训练，包括肢体的安全动作范围，以及安全的负重范围。

上肢快速伸缩复合训练涉及的动作模式有很多，如投掷、击打、击球、擒拿、擒抱等，这些模式涉及多种运动，如棒球、篮球、高尔夫球、柔道、摔跤等。本书介绍的上肢训练主要是利用药球进行推、扔、砸的训练动作，以及徒手动作。通过利用药球和徒手动作不仅可以提升上肢的爆发力，而且由于一些动作的力从下肢产生，并通过核心区域传递到上肢，再由上肢表现出来，所以在整个过程中，人体传输能量的运动链都可以得到锻炼，进而提升整体的运动表现。

核心

核心区域是人体运动链的枢纽区域，有传递身体能量的重要作用。人体上肢或下肢产生的力，在经过核心区域时，会受到核心力量和稳定性的影响。如果核心区域的力量不够强大或不够稳定，则力经过核心区域的传递后，会大打折扣。因此核心训练对快速伸缩复合训练同样非常重要。

核心肌群可分为深层核心肌群和浅层核心肌群，它们分别担负着不同的责任。深层核心肌群在维持核心区域的稳定性方面发挥重要作用，为身体的各种运动提供稳定的平台；浅层核心肌群则更多地参与动力性运动，包括躯干的屈曲、伸展、旋转，以及对抗外力而产生的阻力等。因此，将核心快速伸缩复合训练作为核心力量训练的一个重要补充，有助于提升整体的训练效果。

下肢

下肢是采用快速伸缩复合训练最多的部位，任何跑步、移动以及跳跃性动作都与下肢有密切的关系。通过系统的下肢伸缩复合训练能够将下肢所获得的力量水平转化到运动场上，同时下肢爆发力的增强也有利于将能量传递到核心及上肢。通常在下肢的基本动作模式中，我们将跳跃方式分为双脚跳、交换跳、单脚跳；跳跃形式可分为无反向式、有反向式、双接触式；根据跳跃的方向可分为纵向跳、横向跳、旋转跳。将这三个不同维度分别进行交叉结合，可以组合成不同的基本跳跃动作。当然无反向式动作没有完整的拉长－缩短周期，但可以有效地增强快速伸缩复合训练的向心部分的力量，我们姑且将无反向式动作也归为快速伸缩复合训练部分。

◆ 双脚跳：两脚同时跳起，同时落地。相比交换跳和单脚跳，其承受地面反作用力小。

◆ 交换跳：单脚起跳，非起跳脚落地支撑。由于是单脚落地，其承受地面反作用力比双脚跳要大；但由于是非起跳脚落地，没有起跳的过程，所以与单脚跳相比难度会减弱一些。

◆ 单脚跳：单脚起跳，并且起跳脚落地支撑。这一跳跃动作是完整的拉长-缩短周期过程，承受地面反作用力最大的。

◆ 无反向式：在静止的姿势下起跳，跳跃前主动肌没有被拉长，因此也无法利用弹性势能和牵张反射机制，只有向心收缩过程。如先蹲下，保持3～5秒后直接向上起跳。

- 有反向式：跳跃前主动肌被拉长，储存弹性势能，然后快速起跳。如立定跳远，先快速下蹲至一定角度后快速起跳。
- 双接触式：跳跃前主动肌有明显的被拉长的过程，然后经过短暂的触地，主动肌快速收缩并跳起。由于加快了离心收缩阶段，这种方式在第一次触地后使力的产生速率更快，因此可以跳得更高或更远，如向前垫一步后向上摸高。
- 纵向跳：同时发生在矢状面和水平面上的跳跃，即向前向后跳，属于二维运动。
- 横向跳：同时发生在额状面和水平面上的跳跃，即向左向右跳，属于二维运动。
- 旋转跳：同时发生在矢状面、额状面、水平面上的跳跃，属于三维运动。

2.4 下肢快速伸缩复合训练的入门与进阶

跳跃是人体基本动作模式的重要组成部分，因此相比上肢和核心，进行下肢的快速伸缩复合训练更为重要。对于初学者而言，一定要循序渐进地提升训练动作的难度，不能一蹴而就。我们现以双脚跳为例（可以分为六个阶段进行学习）详述训练过程。

准备阶段

首先要求练习者应具备一定的力量训练基础，然后筛查练习者是否存在某些影响跳跃的功能障碍，如练习者下蹲过程中，各关节是否对位，是否能够流畅地完成下蹲和起身动作。如果存在这类风险，应通过一定的手段进行纠正，直至帮助练习者将这类风险降低至可接受最低强度的快速伸缩复合训练的程度。

第一阶段

当练习者做下蹲和起身动作时没有明显的功能障碍以后，可以开始第一阶段的训练。此阶段练习者首先应学习正确的双脚起跳和落地动作，双脚起跳可以采用较低的跳箱，学习并掌握跳箱 – 箱上下落呈双脚稳定支撑 – 纵向（第 18 页）的训练动作，而后逐渐增加跳箱的高度，直至跳箱达到膝盖高度。这一阶段强调起跳动作的向心收缩部分以及落地的髋、膝、踝关节的缓冲联动机制，向上起跳需要协同手臂向上有力地摆动以及髋、膝、踝关节有力地向上蹬伸，向下落地则需要练习者能够通过屈曲髋、膝、踝关节缓冲地面的反作用力并注意落地的稳定性。此阶段的训练时长应不少于 4 周。

第二阶段

当能很好地完成第一阶段训练以后，练习者可以学习有反向式双脚跳，这个动作具有典型的拉长 – 缩短周期。首先呈站立姿势，然后快速下蹲至大腿与小腿呈 135 度角左右，借助肌肉的弹性势能，双臂协同下肢各关节跳上跳箱。之后可以学习双接触式双脚跳，从较低的跳箱上跳下，然后快速地跳上较高的跳箱，在落地时用脚掌的中前部触地，后脚跟略微离开地面。一般而言，后脚跟离地高度应正好能塞入一张银行卡。通过反复练习，跳下的跳箱高度逐渐增加至不超过膝盖的高度，其触地时间可能会有一定程度的增加，但跳起的高度也不断地增加。此阶段的训练时长应不少于 4 周。

第三阶段

当能够熟练掌握双接触式双脚跳以后，可以通过设置障碍物进行练习。根据练习者的水平，选用不同高度的栏架（栏架高度可以从最低的 15 厘米到标准栏架高度）。同时在训练时，练习者可以采用无反向式跳、有反向式跳以及连续的双接触式跳。这个阶段更需要强调动作的流畅程度和尽可能缩短触地时间。此阶段的训练时长应不少于 4 周。

第四阶段

进入这一阶段的练习者已经具备原地向上和纵向向前的双脚跳跃能力。如果练习者有横向移动或跳跃训练的需求，则可以采用横向双脚跳类的动作。起始的训练应从类似于第一阶段的向上起跳和落地开始（由纵向改为横向），然后进阶至无反向式和双接触式横向双脚跳，最后进行跨越障碍物的横向双脚跳。因为，横向动作除具体的一些场地运动项目会涉及外，平时练习者很难涉及。当练习者具备很好的横向跳跃能力以后，可以按照上述的进阶顺序，进行旋转式双脚跳。此阶段的训练时长相对较长，至少需要 16 周的系统训练才可以很好地掌握横向和旋转跳跃的动作。

第五阶段

这是最后一个阶段，当练习者熟练掌握之前所有双脚跳的跳跃形式和方向动作以后，可以结合日常所喜爱或者从事的专项运动特征进行练习。例如，一名排球副攻位置的运动员需要提高网前的横向封网能力，那么他可以采用横向交叉步或侧滑两步后向上跳上跳箱的练习方式进行训练；或者一名篮球运动员需要提高向前交叉步后的跳投高度，那么他则可以采用手持篮球向前交叉步后向上跳上跳箱的练习方式进行训练。

2.5 快速伸缩复合训练的注意事项

除了循序渐进地增加动作的难度和强度以外，所使用的训练场地与器材设施也需重视，这样才能使训练更安全、有效。

落地表面

为了防止练习者受伤，所采用的下肢快速伸缩复合训练的场地地面应具备足够的缓冲性能，优选人工草地、塑胶跑道和空心地板，不推荐在水泥地、瓷砖或硬木质地的表面进行训练。但需要注意的是，有些松软的天然草坪或者过厚的运动垫可能会延长触地时间，使练习者无法利用牵张反射，导致训练效果大打折扣。而一些具有弹性的蹦床可以为初学者提供一定的帮助，但在练习者逐渐掌握下肢快速伸缩复合训练技巧以后，这类蹦床也会因触地时间过长而影响训练的效果，故在此时不建议练习者继续使用蹦床进行快速伸缩复合训练。

鞋

练习者应穿着提供横向稳定支撑、防滑、鞋底较宽的运动鞋，如果穿着鞋底较窄或缺少横向稳定支撑的鞋子进行横向跳，可能会增大发生运动损伤的风险。尤其是高足弓、足弓塌陷或平底足的练习者更应选择能控制自己足旋内或旋外的运动鞋。有些鞋底太薄或者缓冲性能较差的运动鞋也会导致膝关节或者髋关节的运动损伤。如果需要结合专项练习进行下肢快速伸缩复合训练，在专项运动的场地应穿着专门的运动鞋，如篮球鞋、羽毛球鞋等，因为这类运动鞋就是根据具体运动项目的专项特征设计的。

器材

用于下肢训练的跳箱必须牢固，并且跳箱顶部要有防滑的设计，跳箱顶部的周边不能有尖锐的突起，最好有软质的材料进行包裹，防止练习者由于跳跃高度不够导致小腿磕破或擦伤。如果选用标准的跨栏栏架，对于一些初学者或者跳跃高度不高的练习者而言具有一定的风险性，因此选用不同的迷你塑胶制成的栏架对于不同水平的练习者而言是不错的选择。上肢快速伸缩复合训练经常使用的药球也应具备防滑的设计，药球不应有尖锐的突起，应适合练习者双手或单手抓握。

训练场地

如果在室内进行下肢快速伸缩复合训练，跳跃所需经过的范围周边 1.5 米内不应有尖锐的物体，并且室内应有足够的高度。在室外进行长距离跳跃时，应首先查看所行进的路线是否有凹凸不平或者其他障碍物。抛掷药球训练需要有合适的墙面，墙面最好采用专业的药球墙，以最大限度地吸收冲击力，如果使用其他墙面，应在训练前进行确认。

监督

除上述的安全考虑以外，如果有教练进行指导，可以监督练习者的技术动作是否正确，如果存在危险，应立刻终止其训练。

第 3 章

下肢快速伸缩复合训练

跳箱和栏架是进行下肢快速伸缩复合训练时常用的两种工具，在健身房都能看到不同规格的这类器材。用轻型金属框架制成的跳箱优势在于容易搬运，不用的时候也可以轻松叠放在一起以最大限度地节约储存空间，但不足之处是由于金属框架制成的跳箱相对较轻，在进行跳跃时不太稳定，且跳箱周边没有太多的软式材料包裹，所以在起跳时很容易磕碰到膝关节或擦伤小腿。而有些木质跳箱，虽然比较稳定，但不易搬动，在训练时容易受场地限制。

如今新型跳箱由外层包裹高密度的泡沫材料制成，这类跳箱的泡沫密度比较适中，硬度也较适合各类冲击式训练，并且跳箱边缘较软，即使运动员发生失误，也不容易受伤。这类跳箱也有各种规格的高度，通常为 3 英寸（1 英寸为 2.54 厘米，此后不再标注）、6 英寸、12 英寸、24 英寸，若练习者需要更高的跳跃平台，可以把几个跳箱堆叠在一起并用尼龙搭扣固定住。选择合适高度的跳箱对于训练安全而言非常重要，最好选择一些比较容易跳上去的高度的跳箱，这样可以最大限度地降低受伤的风险。

栏架作为一种产用且可调节高度的障碍物，在进行下肢快速伸缩复合训练时可以发挥重要的作用。但在使用田径栏架的过程中运动员往往容易被绊倒或跌倒，所以专门为下肢快速伸缩复合训练制作的塑料栏架应运而生。这类栏架经济实惠，且便于移动，由于材料很轻，运动时的安全性也大大提高。

3.1 双脚跳

3.1.1 双脚跳-纵向 跳箱-箱上下落呈双脚稳定支撑-纵向

扫描二维码
看动作视频

难度等级 初级

辅助器械 跳箱

要点提示

- 下落过程中，应准备双脚同时落地。
- 落地时，膝关节不要内扣，不要超过脚尖。
- 落地时注意下肢三关节缓冲，脚跟略微抬离地面。

主要参与部位

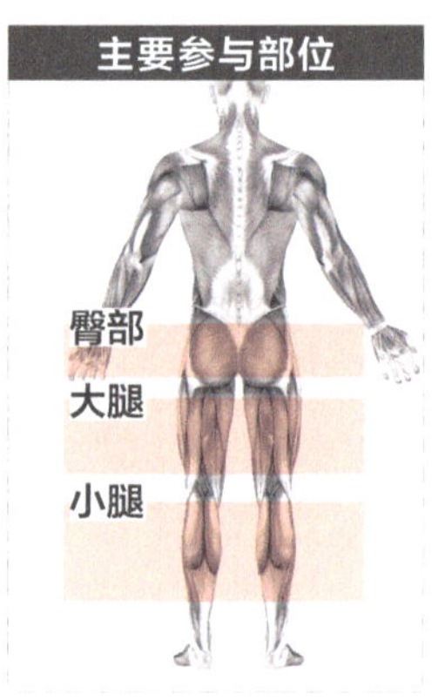

注意事项

有下肢关节疼痛或功能障碍等问题时，请谨慎练习。本章所有的训练动作都应注意该问题。

1. 直立站于跳箱边缘，一侧腿支撑身体，另一侧腿向前悬空，双臂向上伸直举过头顶。

肌肉图解析

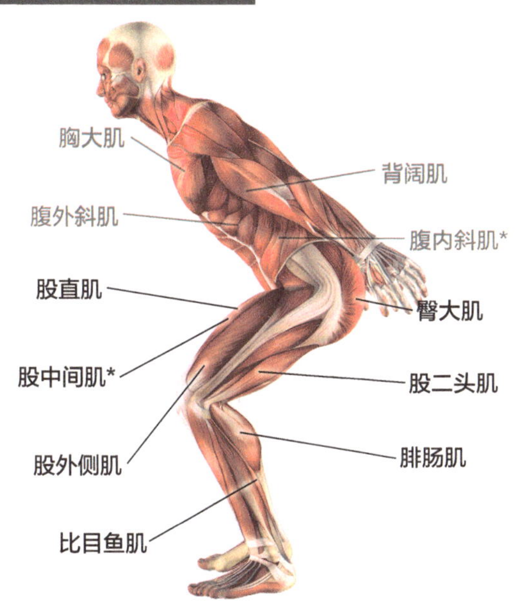

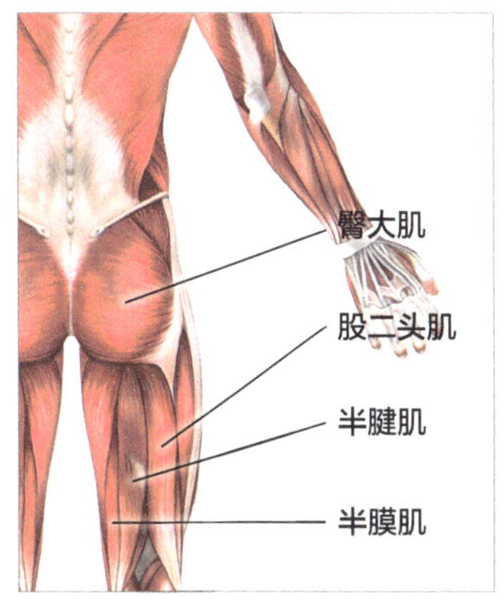

肌肉解剖图注释（余后不再标注）

主要参与肌肉：用黑色字体标注

辅助肌肉：用灰色字体标注

深层肌肉：用加“*”号标注

（注：因图片角度有限，主要参与肌肉未全部标注。且标注肌肉时未区分参与侧与非参与侧。）

❷ 重心前移，身体向前自然下落，同时双臂下摆，屈髋屈膝双脚落地。回到起始姿势，重复规定次数。换另一侧腿支撑，重复相同的步骤。

变式动作

跳箱－箱上下落呈双脚稳定支撑－横向

身体直立站于跳箱边缘，一侧腿支撑身体，另一侧腿向侧面悬空，双臂上举。重心向悬空腿方向移动，自然下落，屈膝屈髋缓冲落地。

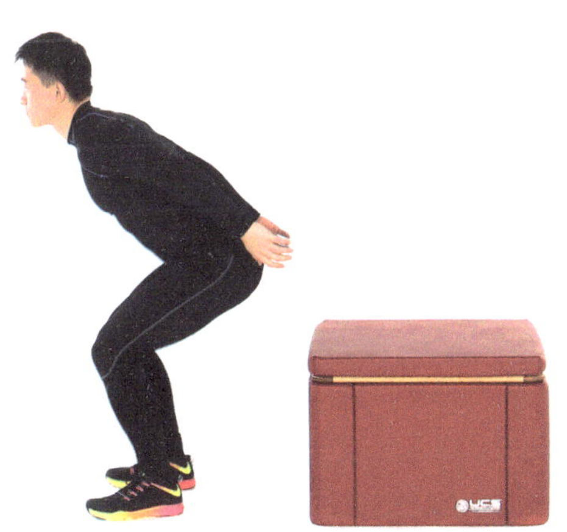

跳箱-无反向式-双脚跳-纵向-双脚落地

扫描二维码
看动作视频

难度等级　初级

辅助器械　跳箱

要点提示

- 起跳时，用力向上摆臂，辅助发力。
- 腾空时，核心收紧，腰背挺直，体会躯干发力，控制整个　身体。
- 落到跳箱上时，膝关节不要内扣，不要超过脚尖。

主要参与部位

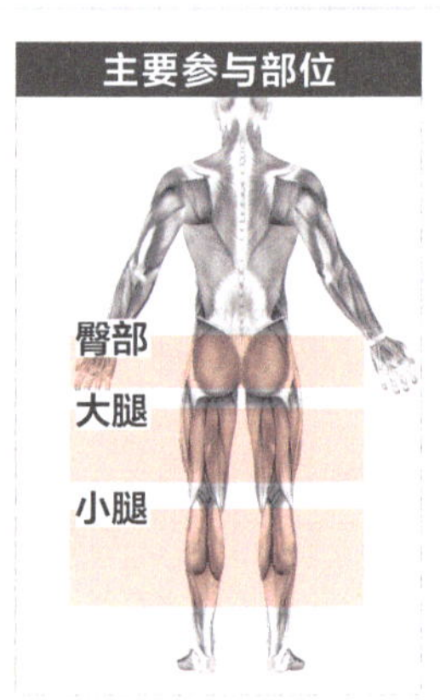

❶ 屈髋屈膝面向跳箱站立，双脚分开约与髋同宽，双臂微屈收于髋部两侧。

❷ 双臂快速向上摆起，带动身体快速伸髋伸膝，双脚蹬离地面，向前跳上跳箱。

肌肉图解析

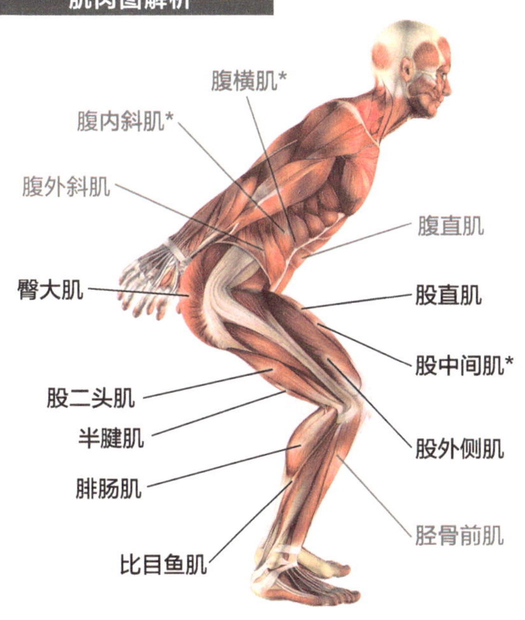

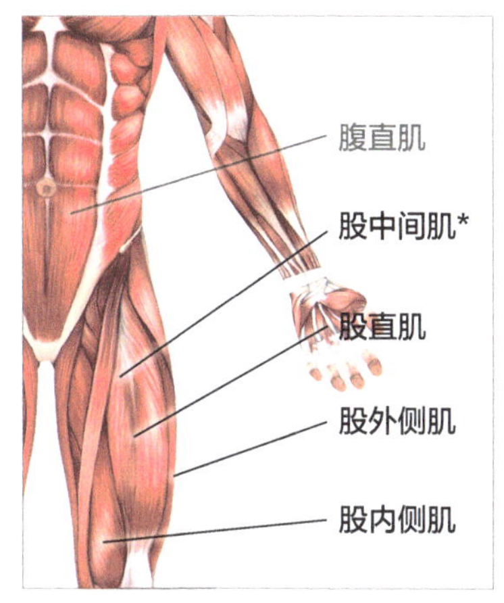

3 屈髋屈膝缓冲的同时双臂下摆至髋部两侧，双脚落于跳箱上，保持该姿势1～2秒。走下跳箱，回到起始姿势，重复规定次数。

跳箱-无反向式-双脚跳-纵向-单脚落地

扫描二维码
看动作视频

难度等级	初级
辅助器械	跳箱

要点提示

- 起跳时，用力向上摆臂，辅助发力。
- 腾空时，核心收紧，腰背挺直，体会躯干发力，控制整个身体。
- 落到跳箱上时，膝关节不要内扣，不要超过脚尖。

主要参与部位

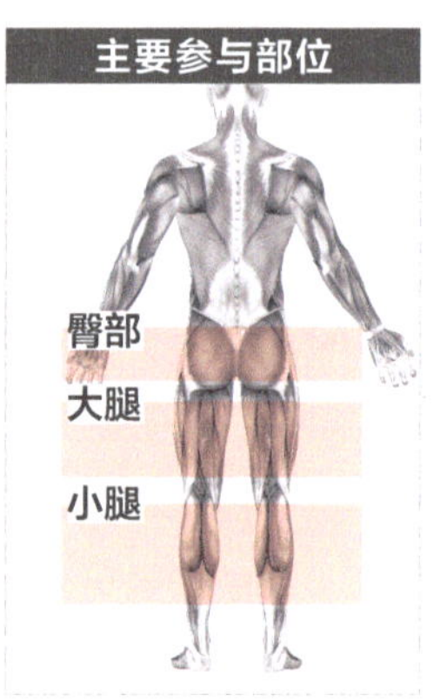

❶ 屈髋屈膝面向跳箱站立，双脚分开约与髋同宽，双臂微屈收于髋部两侧。

❷ 双臂快速向上摆起，带动身体快速伸髋伸膝，双脚蹬离地面，向前跳上跳箱。

肌肉图解析

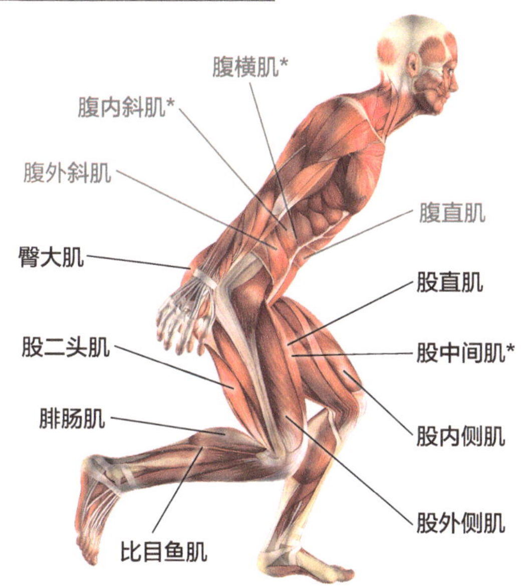

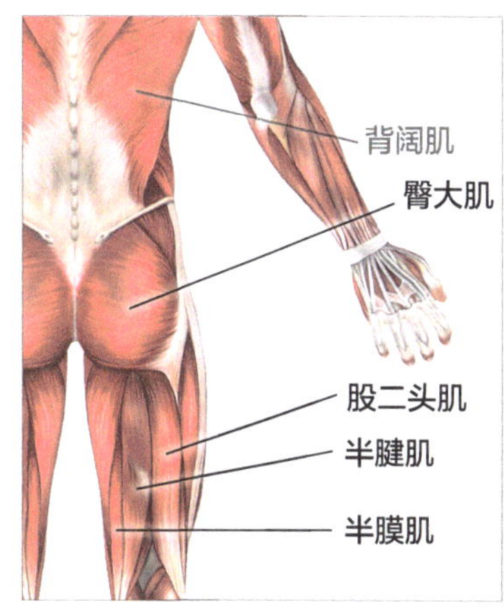

3 屈髋屈膝缓冲的同时双臂下摆至髋部两侧，单脚落于跳箱上，保持该姿势1~2秒，保持身体平衡。走下跳箱，重复规定次数。换另一侧腿落地支撑，重复相同的步骤。

跳箱-有反向式-双脚跳-纵向-双脚落地

扫描二维码
看动作视频

难度等级　初级

辅助器械　跳箱

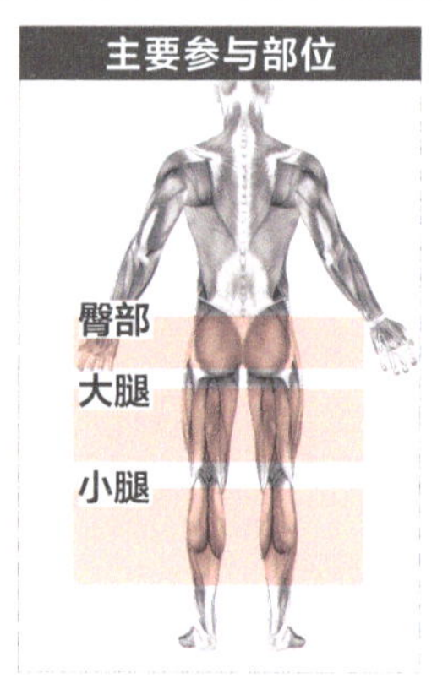

要点提示

- 起跳时，先用力向下摆臂后迅速随身体向上摆臂，辅助发力。
- 腾空时，核心收紧，腰背挺直，体会躯干发力，控制整个身体。
- 落到跳箱上时，膝关节不要内扣，不要超过脚尖。

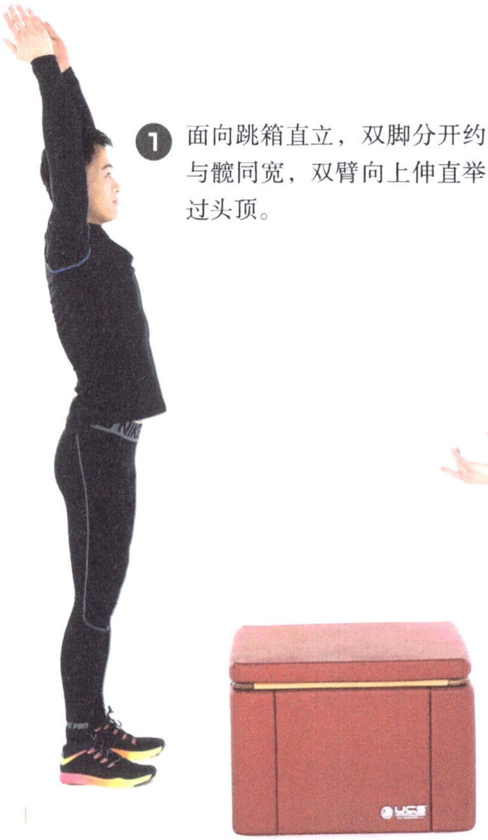

1. 面向跳箱直立，双脚分开约与髋同宽，双臂向上伸直举过头顶。

2. 屈髋屈膝的同时双臂快速向下摆动至身后，之后双臂快速向上摆起，带动身体快速伸髋伸膝，双脚蹬离地面，向前跳上跳箱。

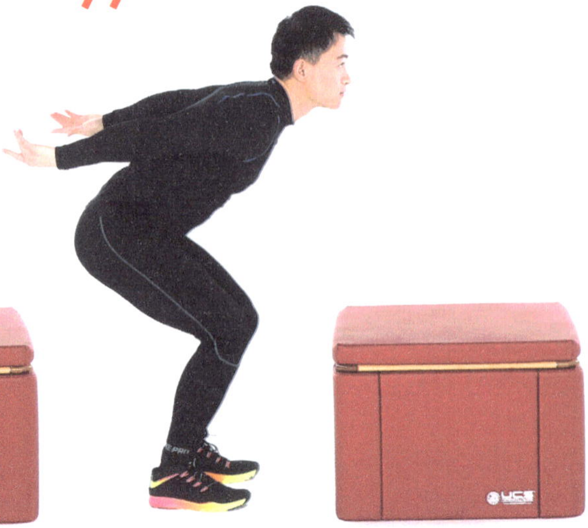

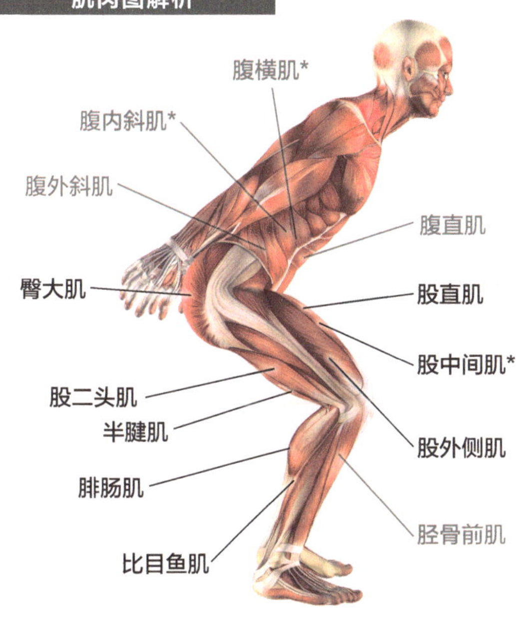

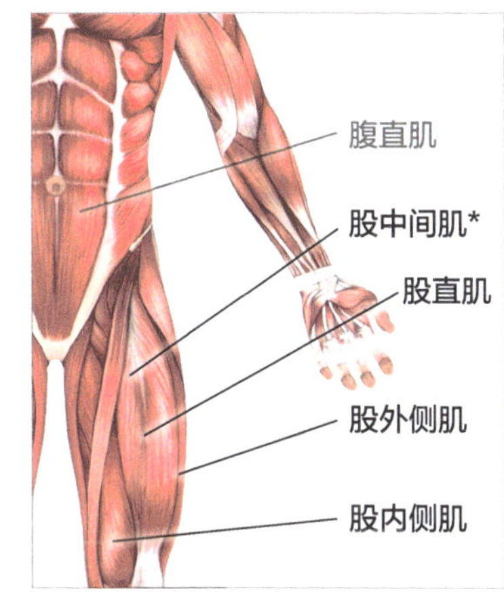

3 屈髋屈膝缓冲的同时双臂下摆至髋部两侧，双脚落于跳箱上，保持该姿势1～2秒。走下跳箱，重复规定次数。

跳箱-有反向式-双脚跳-纵向-单脚落地

扫描二维码
看动作视频

难度等级	初级
辅助器械	跳箱

要点提示

- 起跳时，先用力向下摆臂后迅速随身体向上摆臂，辅助发力。
- 腾空时，核心收紧，腰背挺直，体会躯干发力，控制整个身体。
- 落到跳箱上时，膝关节不要内扣，不要超过脚尖。

主要参与部位

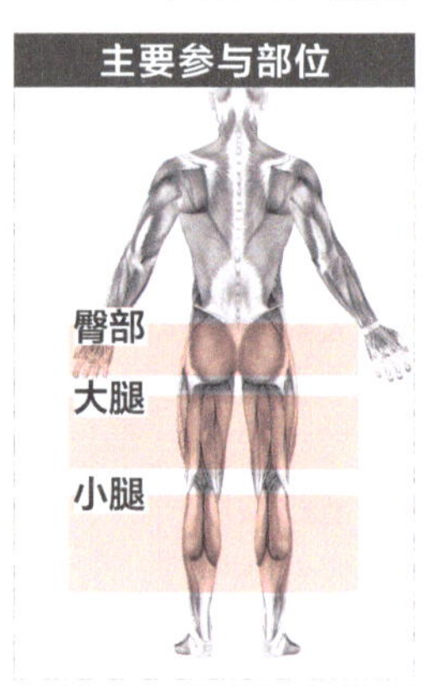

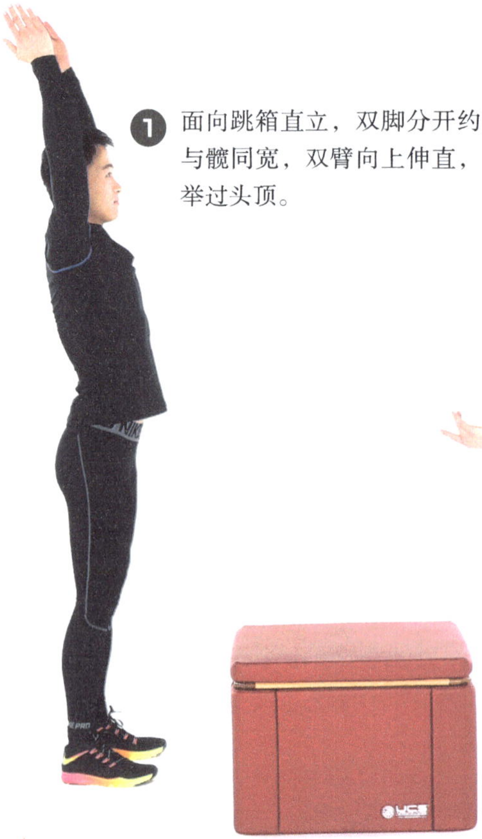

1. 面向跳箱直立，双脚分开约与髋同宽，双臂向上伸直，举过头顶。

2. 屈髋屈膝的同时双臂快速向下摆动至身后，之后双臂快速向上摆起，带动身体快速伸髋伸膝，双脚蹬离地面，向前跳上跳箱。

肌肉图解析

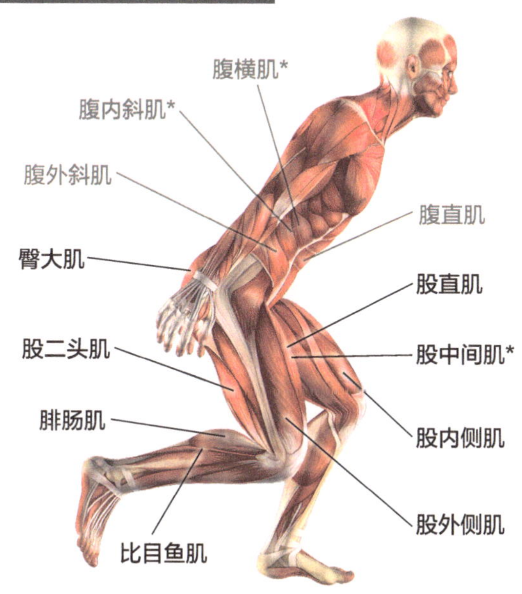

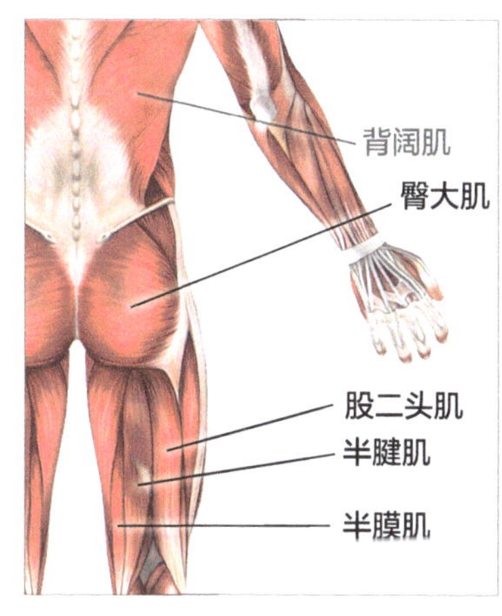

3 屈髋屈膝缓冲的同时双臂下摆至髋部两侧，单脚落于跳箱上，保持该姿势1～2秒。走下跳箱，重复规定次数。换另一侧腿落地支撑，重复相同的步骤。

跳箱-双接触式-双脚跳-纵向-双脚落地

扫描二维码
看动作视频

难度等级 中级

辅助器械 跳箱

要点提示

- 落地时，前脚掌支撑，脚后跟略微抬离地面，有利于再次快速起跳。
- 起跳时，用力向上摆臂，辅助发力。
- 腾空时，核心收紧，腰背挺直，体会躯干发力，控制整个身体。
- 落到跳箱上时，膝关节不要内扣，不要超过脚尖。

主要参与部位

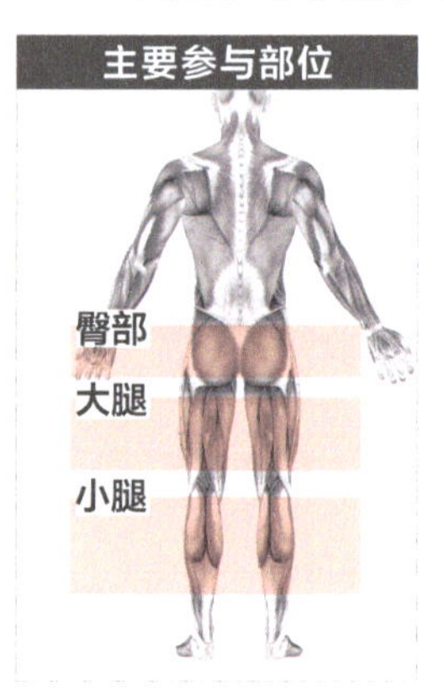

1. 并排间隔放置两个高度不同的跳箱。身体直立站于较低跳箱边缘，面向较高的跳箱，一侧腿支撑身体，另一侧腿向前悬空，双臂向上伸直举过头顶。

2. 重心前移，身体自然下落，屈髋屈膝缓冲双脚落地，同时双臂快速下摆至髋部两侧。

肌肉图解析

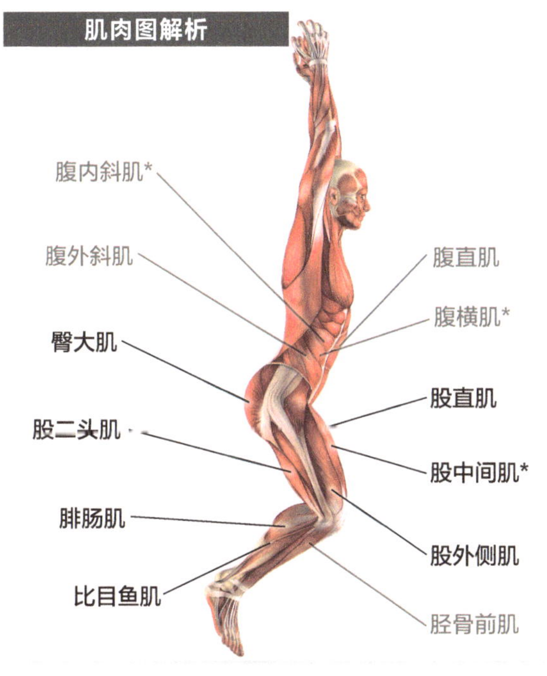

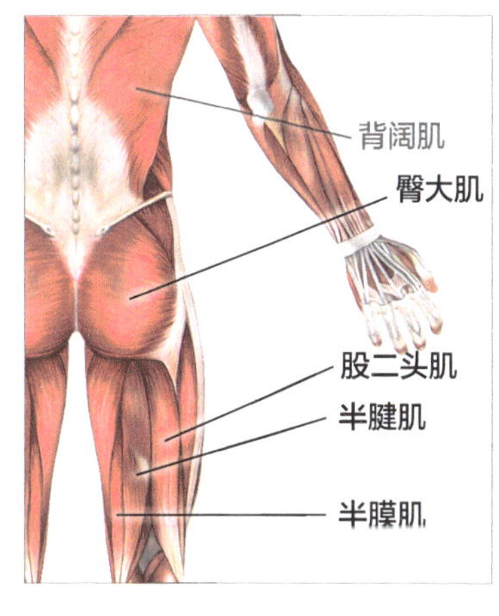

3 落地瞬间双臂快速向上摆起，带动身体快速伸髋伸膝，双脚蹬离地面，向前跳上较高的跳箱。

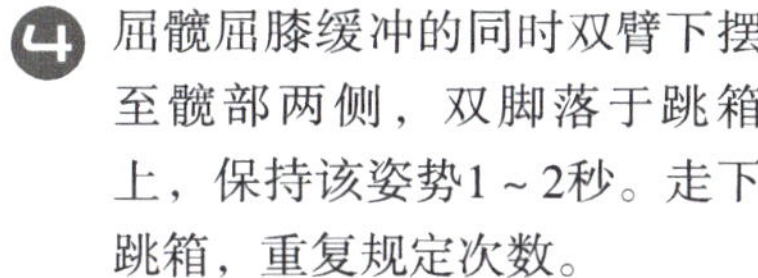

4 屈髋屈膝缓冲的同时双臂下摆至髋部两侧，双脚落于跳箱上，保持该姿势1～2秒。走下跳箱，重复规定次数。

3.1.2
双脚跳–横向

栏架–无反向式–双脚跳–横向

扫描二维码
看动作视频

难度等级	初级
辅助器械	栏架

要点提示

- 起跳时，用力向上摆臂，辅助发力。
- 腾空时，核心收紧，腰背挺直，体会躯干发力，控制整个身体。
- 落地时，膝关节不要内扣，不要超过脚尖。

主要参与部位

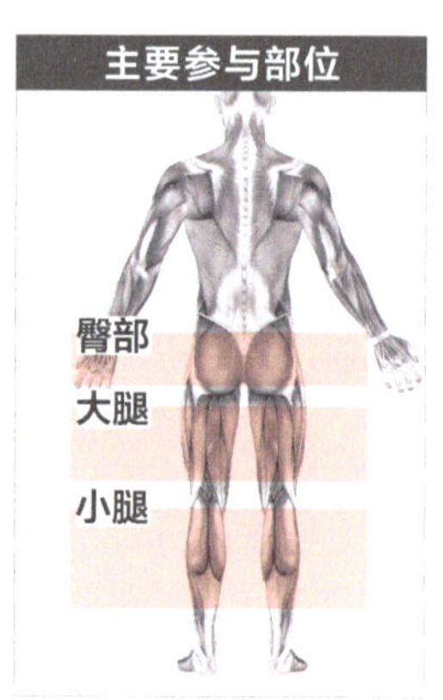

❶ 屈髋屈膝侧向栏架站立，双脚分开约与髋同宽，双臂微屈收于髋部两侧。

❷ 双臂快速向上摆起，带动身体快速伸髋伸膝，双脚蹬离地面，向侧面跳过栏架。

肌肉图解析

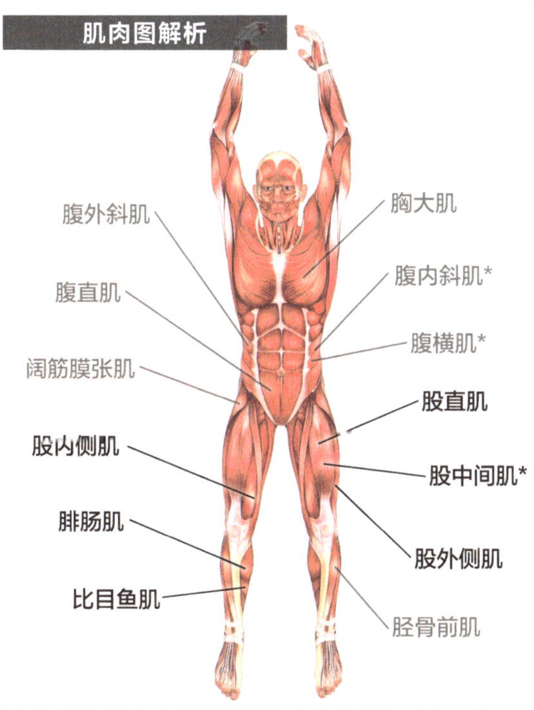

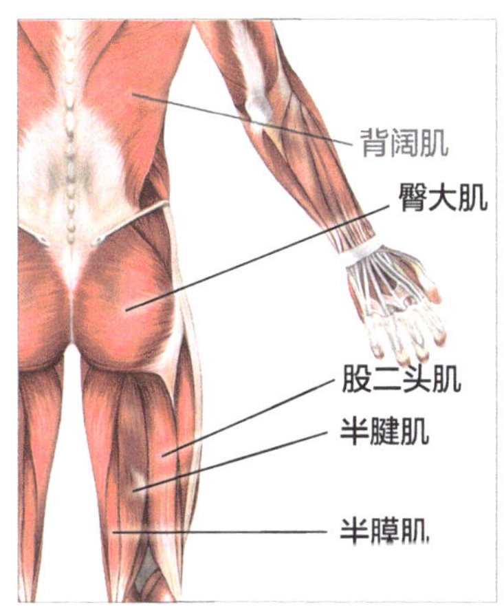

❸ 屈髋屈膝缓冲的同时双臂下摆至髋部两侧，双脚落地，保持该姿势1～2秒。回到起始姿势，重复规定次数。然后换另一侧重复相同的步骤。

栏架-有反向式-双脚跳-横向

扫描二维码
看动作视频

难度等级	初级
辅助器械	栏架

要点提示

- 起跳时，先用力向下摆臂后迅速随身体向上摆臂，辅助发力。
- 腾空时，核心收紧，腰背挺直，体会躯干发力，控制整个身体。
- 落地时，膝关节不要内扣，不要超过脚尖。

主要参与部位

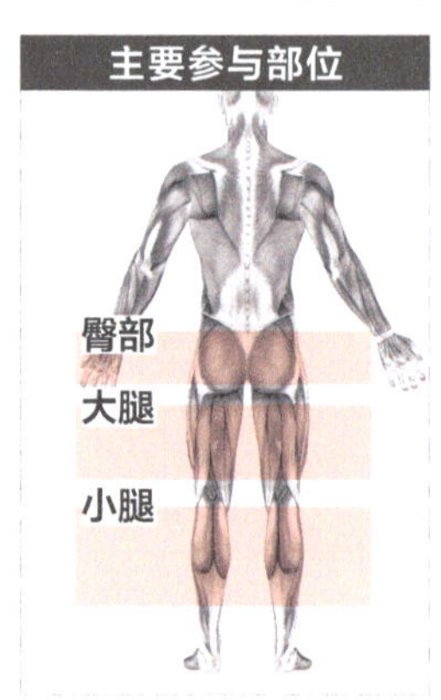

❶ 侧向栏架直立，双脚分开约与髋同宽，双臂向上伸直举过头顶。

❷ 屈髋屈膝的同时双臂快速向下摆动至髋部两侧。

肌肉图解析

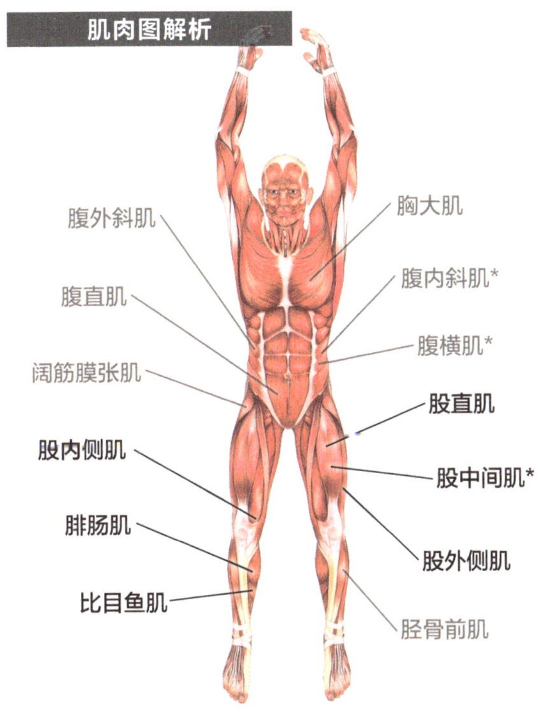

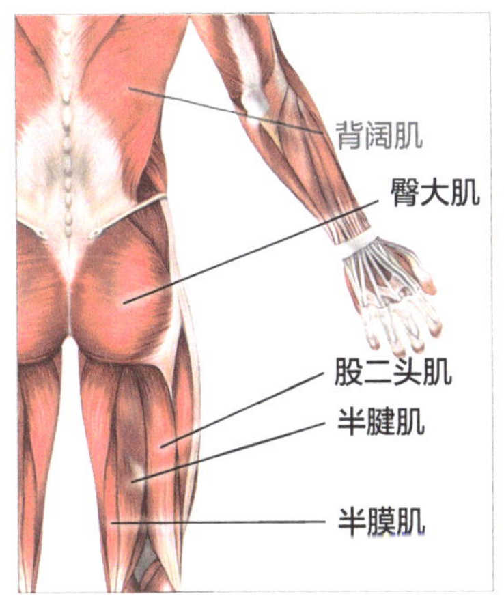

3 双臂快速向上摆起，带动身体快速伸髋伸膝，双脚蹬离地面，向侧面跳过栏架。

4 屈髋屈膝缓冲的同时双臂下摆至髋部两侧，双脚落地，保持该姿势1～2秒。回到起始姿势，重复规定次数。然后换另一侧重复相同的步骤。

跳箱-栏架-双接触式-双脚跳-横向

扫描二维码
看动作视频

难度等级　中级

辅助器械　跳箱、栏架

要点提示

- 第一次落地时，前脚掌支撑，脚后跟略微抬离地面，有利于再次快速起跳。
- 起跳时，用力向上摆臂，辅助发力。
- 腾空时，核心收紧，腰背挺直，体会躯干发力，控制整个身体。
- 落地时，膝关节不要内扣，不要超过脚尖。

主要参与部位

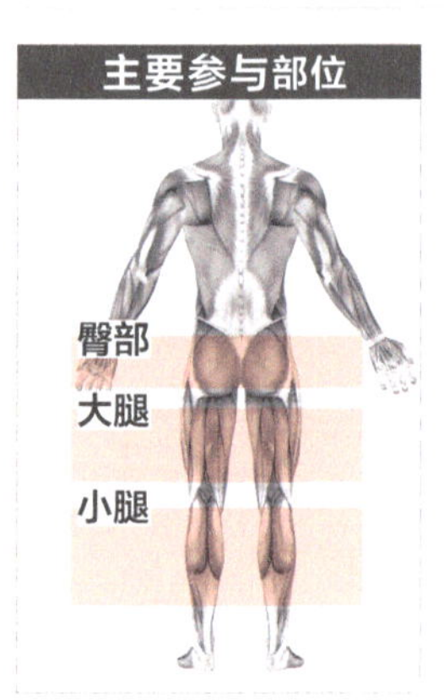

❶ 并排间隔放置跳箱与栏架，身体直立站于跳箱边缘，一侧腿支撑身体，另一侧腿在侧面悬空，双臂自然下垂，栏架位于悬空腿的一侧。

❷ 重心向非支撑腿侧移动，身体自然下落，屈髋屈膝缓冲双脚落地的同时双臂快速下摆至髋部两侧。

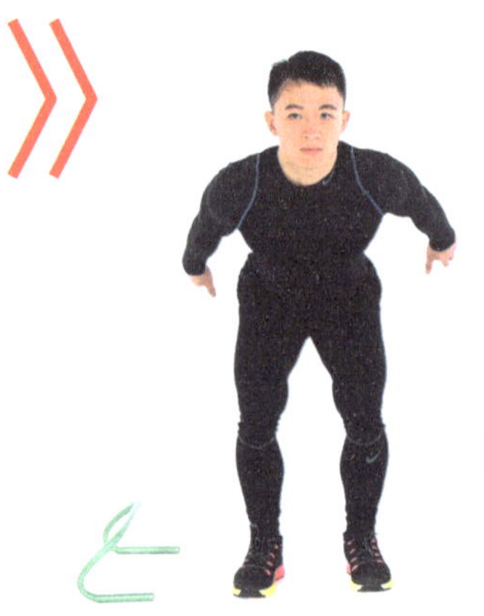

肌肉图解析

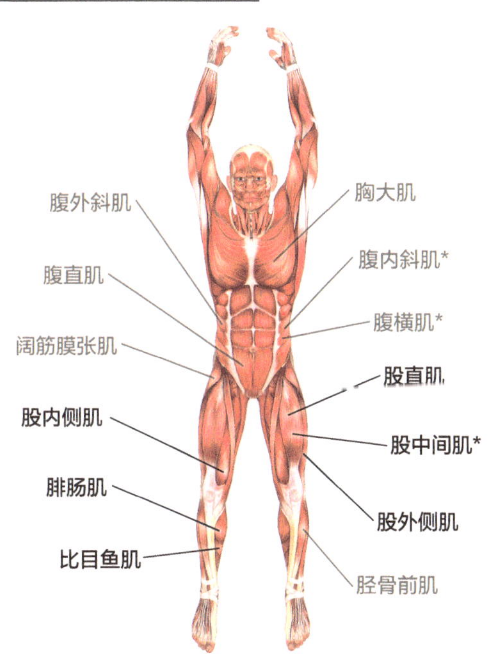

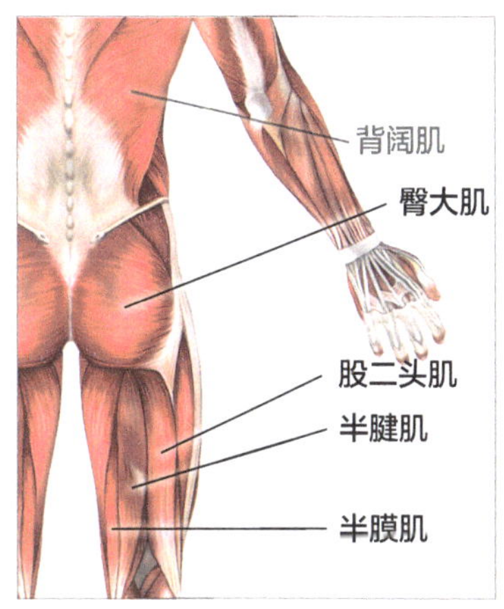

❸ 双臂快速向上摆起，带动身体快速伸髋伸膝，双脚蹬离地面，向侧面跳过栏架。

❹ 屈髋屈膝缓冲同时双臂下摆至髋部两侧，双脚落地，保持该姿势1～2秒。回到起始姿势，重复规定次数。然后换另一侧重复相同的步骤。

3.1.3 双脚跳–旋转　跳箱–无反向式–双脚跳–旋转

扫描二维码
看动作视频

难度等级　初级

辅助器械　跳箱

要点提示

- 起跳时，用力向上摆臂，辅助发力，通过躯干使身体发生旋转。
- 腾空时，核心收紧，腰背挺直，体会躯干发力，控制整个身体。
- 落到跳箱上时，膝关节不要内扣，不要超过脚尖。

主要参与部位

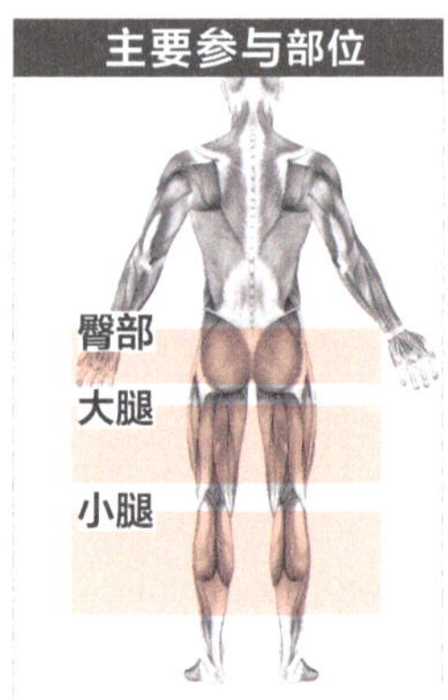

❶ 屈髋屈膝侧向跳箱站立，双脚分开约与髋同宽，双臂微屈收于身体两侧。

❷ 双臂快速向上摆起，带动身体快速伸髋伸膝，双脚蹬离地面，身体向左旋转90度，跳上跳箱。

90度

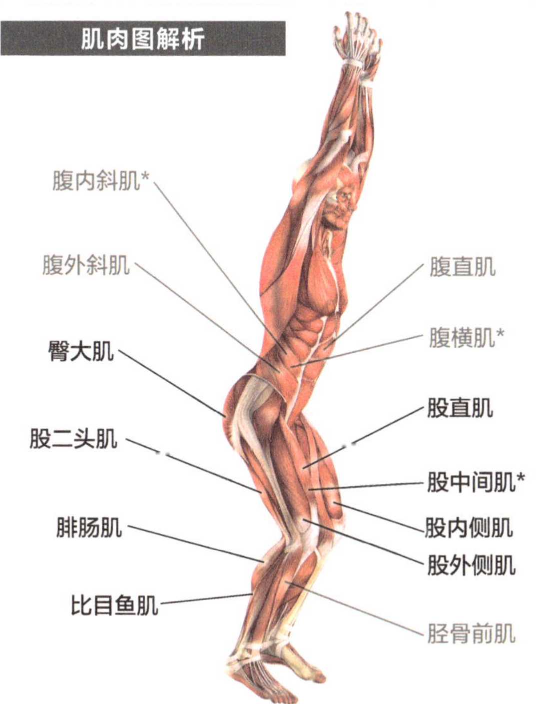

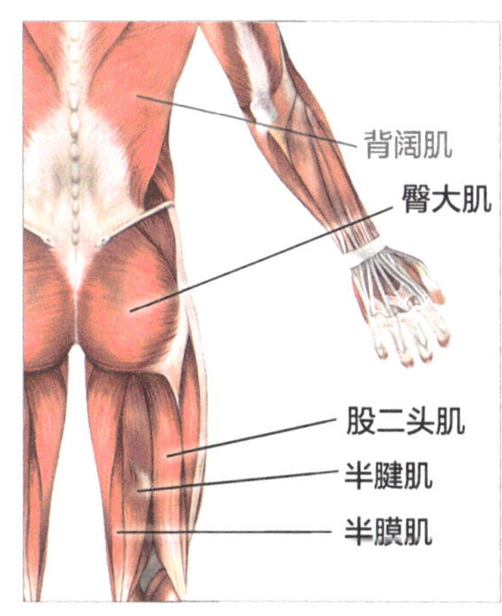

3 屈髋屈膝缓冲的同时双臂下摆至髋部两侧，双脚落于跳箱上，保持该姿势1～2秒。走下跳箱，回到起始姿势，重复规定次数。然后换另一侧方向旋转重复相同的步骤。

跳箱-有反向式-双脚跳-旋转

扫描二维码
看动作视频

难度等级	初级
辅助器械	跳箱

要点提示

- 起跳时，先用力向下摆臂后迅速随身体向上摆臂，辅助发力，并通过躯干使身体发生旋转。
- 腾空时，核心收紧，腰背挺直，体会躯干发力，控制整个身体。
- 落到跳箱上时，膝关节不要内扣，不要超过脚尖。

主要参与部位

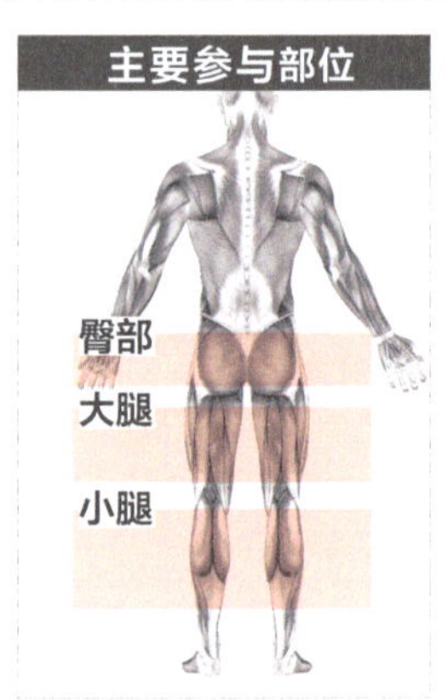

❶ 侧向跳箱直立，双脚分开约与髋同宽，双臂伸直举过头顶。

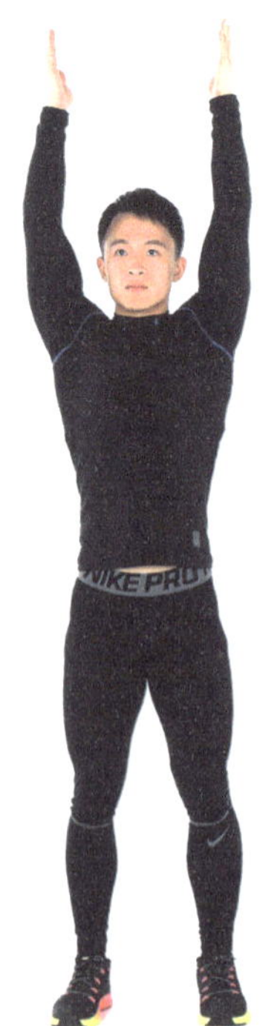

❷ 屈髋屈膝的同时双臂快速向下摆动至髋部两侧。

肌肉图解析

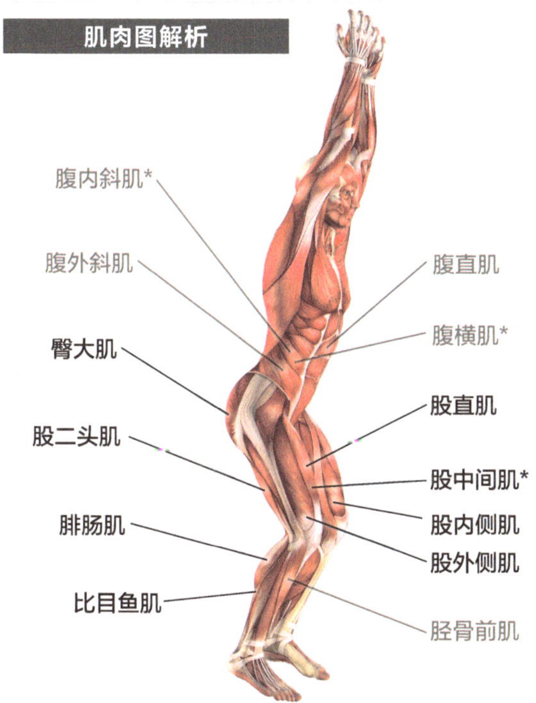

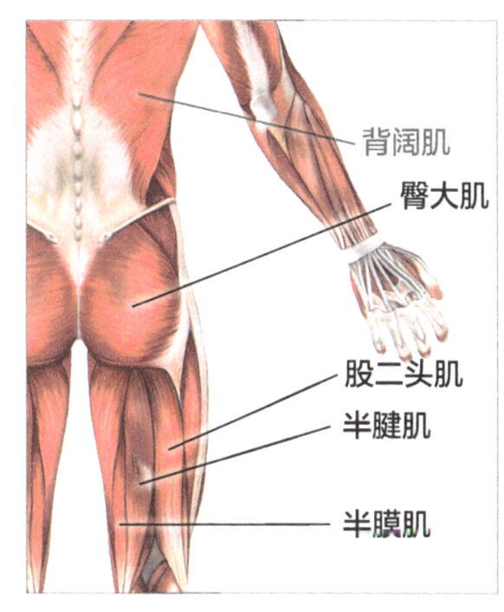

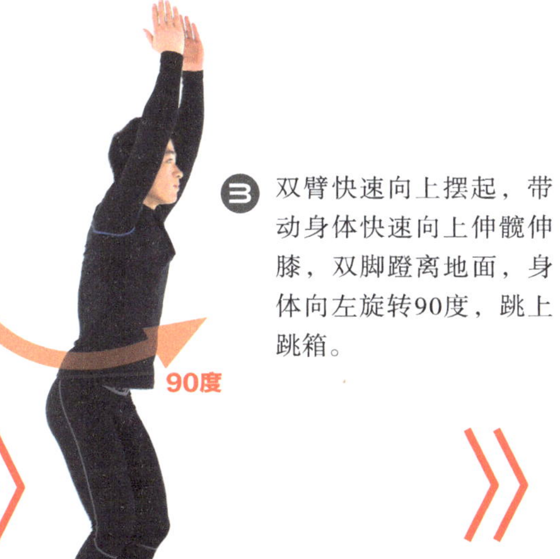

3 双臂快速向上摆起，带动身体快速向上伸髋伸膝，双脚蹬离地面，身体向左旋转90度，跳上跳箱。

4 屈髋屈膝缓冲的同时双臂下摆至髋部两侧，双脚落于跳箱上，保持该姿势1～2秒。走下跳箱，回到起始姿势重复规定次数然后换另一侧方向旋转重复相同的步骤。

跳箱-双接触式-双脚跳-旋转

扫描二维码
看动作视频

难度等级　中级

辅助器械　跳箱

要点提示

- 落地时，前脚掌支撑，脚后跟略微抬离地面，有利于再次快速起跳。
- 起跳时，用力向上摆臂，辅助发力，通过躯干使身体发生旋转。
- 腾空时，核心收紧，腰背挺直，体会躯干发力，控制整个身体。
- 落到跳箱上时，膝关节不要内扣，不要超过脚尖。

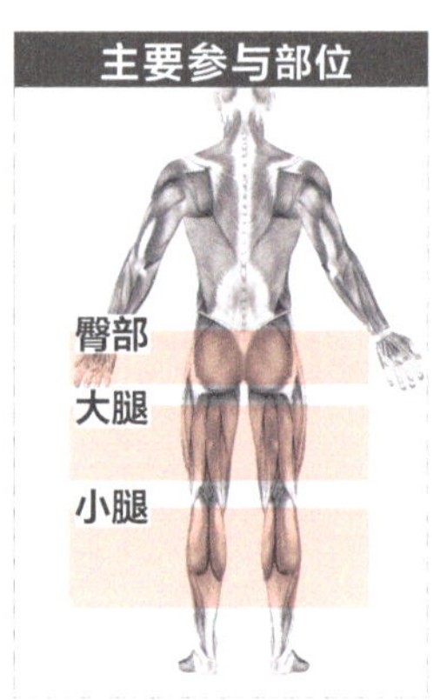

1 选择两个高度不同的跳箱，呈对角线放置。身体直立站于低跳箱上的边缘，一侧腿支撑身体，另一侧腿向前悬空，较高的跳箱位于身体右前方45度角的位置，双臂自然下垂。

2 重心前移，使身体自然下落到两跳箱之间，屈髋屈膝缓冲双脚落地的同时双臂快速下摆至髋部两侧。

肌肉图解析

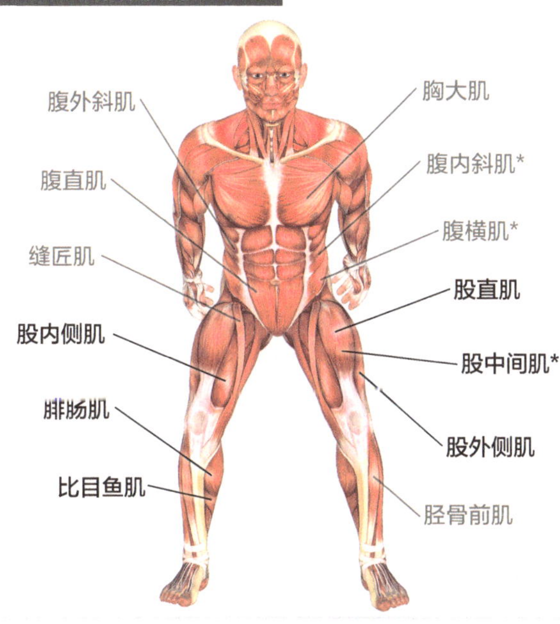

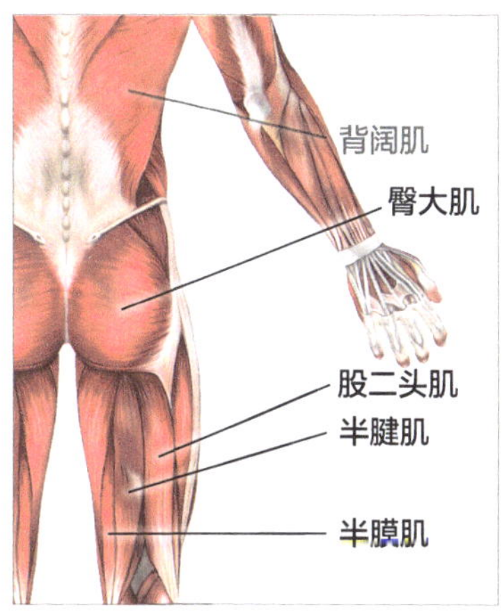

3 落地瞬间双臂快速向上摆起，带动身体快速向上伸髋伸膝，双脚蹬离地面，身体向右旋转90度，跳上较高的跳箱。

4 屈髋屈膝缓冲的同时双臂下摆至髋部两侧，双脚落于跳箱上，保持该姿势1～2秒。走下跳箱，回到起始姿势，重复规定次数。可以将较高的跳箱放置在左前方45度角的位置，重复相同的步骤。

3.2 交换跳

3.2.1 交换跳-纵向　栏架-无反向式-交换跳-纵向

扫描二维码
看动作视频

难度等级　初级

辅助器械　栏架

要点提示

- 起跳时，用力向上摆臂，辅助发力。
- 腾空时，核心收紧，腰背挺直，体会躯干发力，控制整个身体。
- 落地时，膝关节不要内扣，不要超过脚尖，保持身体平衡稳定。
- 跳跃过程中，膝和脚尖方向应保持一致向前。

主要参与部位

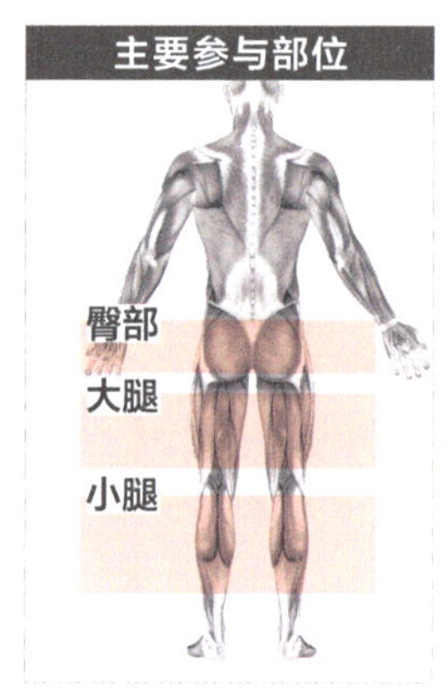

1. 屈髋屈膝面向栏架单腿站立，一侧腿支撑身体，另一侧腿向后屈曲抬离地面，双臂微屈收于髋部两侧。

2. 双臂快速向上摆起，带动身体快速伸髋伸膝，单脚蹬离地面，向前跳过栏架。

肌肉图解析

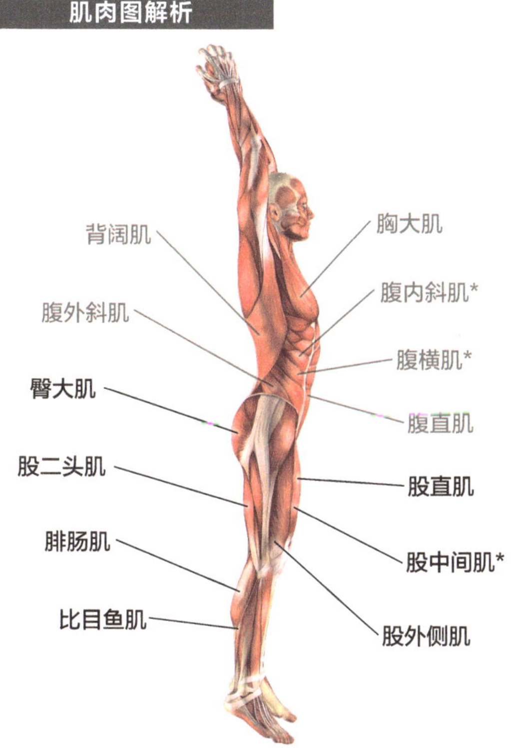

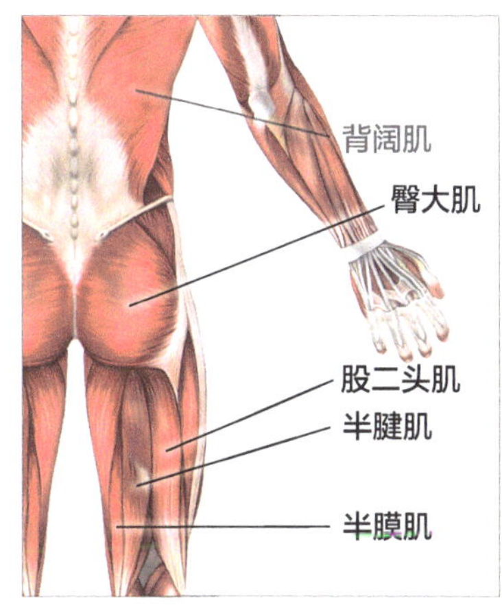

❸ 下落时换非起跳腿支撑。屈髋屈膝缓冲的同时双臂下摆至髋部两侧，单脚落地并保持该姿势1～2秒。回到起始姿势，重复规定次数。换另一侧腿起跳重复相同的步骤。

栏架-有反向式-交换跳-纵向

扫描二维码
看动作视频

难度等级	初级
辅助器械	栏架

要点提示

- 起跳时，先用力向下摆臂后迅速随身体向上摆臂，辅助发力。
- 腾空时，核心收紧，腰背挺直，体会躯干发力，控制整个身体。
- 落地时，膝关节不要内扣，不要超过脚尖，保持身体平衡稳定。
- 跳跃过程中，膝和脚尖方向应保持一致向前。

主要参与部位

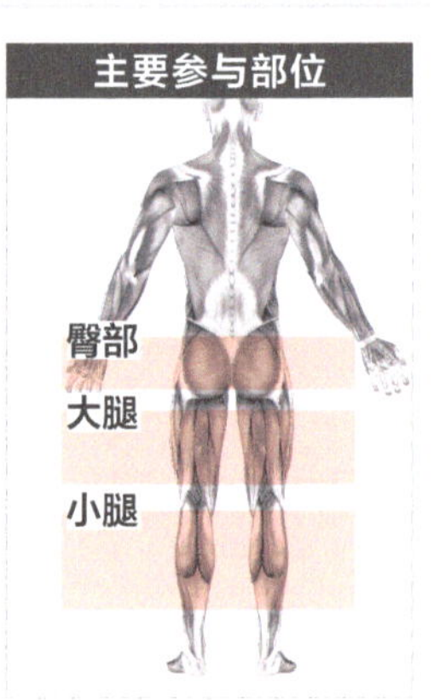

1. 面向栏架单腿站立，一侧腿支撑身体，另一侧腿向后屈曲抬离地面，双臂伸直举过头顶。

2. 屈膝屈髋的同时，双臂快速向下摆动至髋部两侧。

肌肉图解析

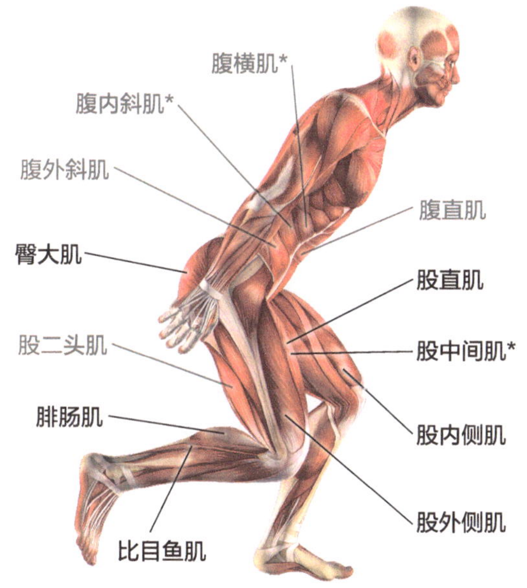

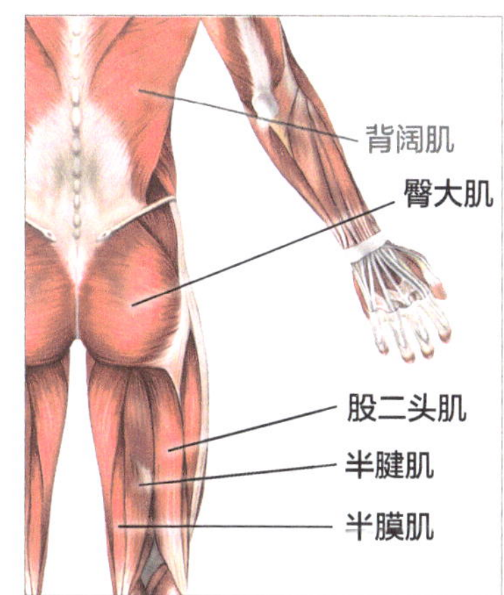

3 双臂快速向上摆起，带动身体快速伸髋伸膝，单脚蹬离地面，向前跳过栏架。

4 下落时换非起跳腿支撑。屈髋屈膝缓冲的同时双臂下摆至髋部两侧，保持该姿势1～2 秒。回到起始姿势，重复规定次数。换另一侧腿起跳重复相同的步骤。

跳箱–栏架–双接触式–交换跳–纵向

扫描二维码
看动作视频

难度等级	中级
辅助器械	跳箱、栏架

要点提示

- 第一次落地时，前脚掌支撑，脚后跟略微抬离地面，有利于再次快速起跳。
- 起跳时，用力向上摆臂，辅助发力。
- 腾空时，核心收紧，腰背挺直，体会躯干发力，控制整个身体。
- 落地时，膝关节不要内扣，不要超过脚尖，保持身体平衡稳定。
- 跳跃过程中，膝和脚尖方向应保持一致向前。

主要参与部位

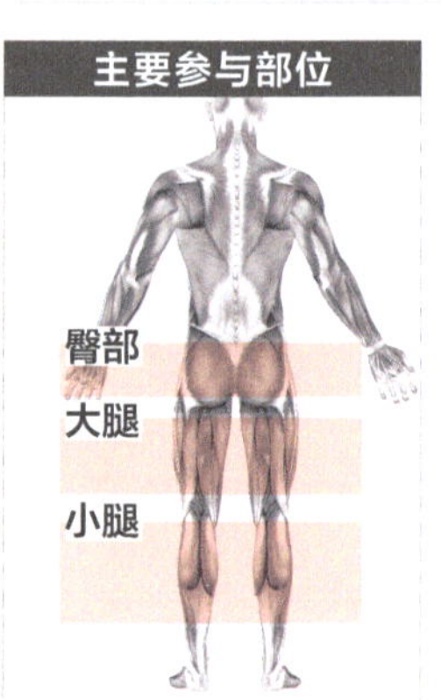

❶ 并排间隔放置跳箱与栏架，身体直立站于跳箱边缘，面向栏架，一侧腿支撑身体，另一侧腿向前悬空，双臂向上伸直举过头顶。

❷ 重心前移，使身体自然下落到跳箱与栏架之间，下落时交换支撑腿，屈髋屈膝缓冲单脚落地的同时双臂下摆至髋部两侧。

肌肉图解析

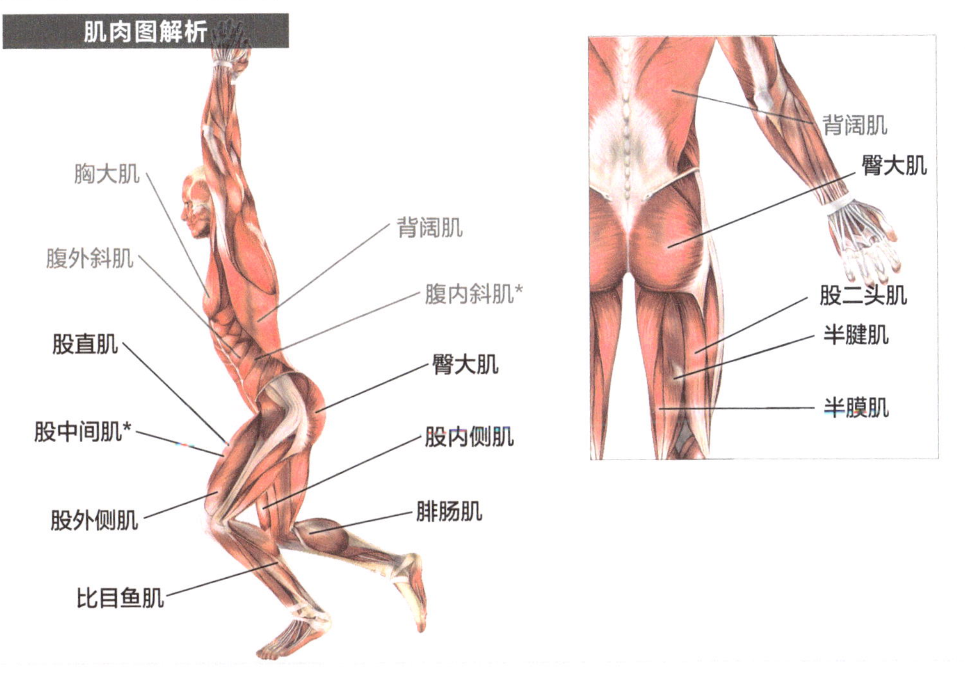

❸ 落地瞬间双臂快速向上摆起，带动身体快速向上伸髋伸膝，单脚蹬离地面，向前跳过栏架。

❹ 下落时交换支撑腿。屈髋屈膝的同时双臂下摆至髋部两侧，单脚落地，保持该姿势1～2 秒。回到起始姿势，重复规定次数。换另一侧腿起跳重复相同的步骤。

3.2.2
交换跳-横向

栏架-无反向式-交换跳-横向

扫描二维码
看动作视频

难度等级	初级
辅助器械	栏架

要点提示

- 起跳时，用力向上摆臂，辅助发力。
- 腾空时，核心收紧，腰背挺直，体会躯干发力，控制整个身体。
- 落地时，膝关节不要内扣，不要超过脚尖，保持身体平衡稳定。
- 跳跃过程中，膝和脚尖方向应保持一致向前。

锻炼部位

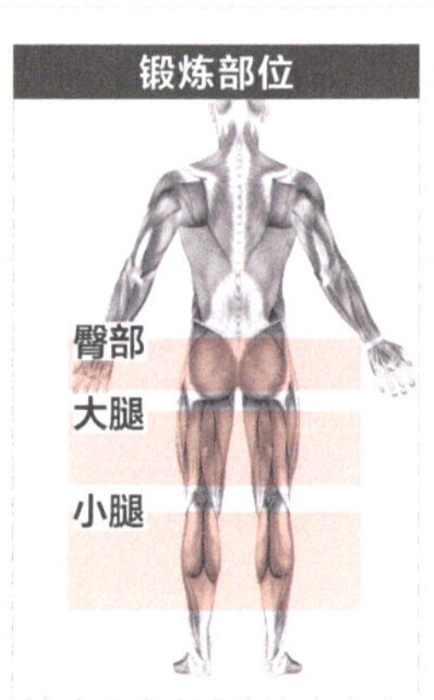

❶ 屈髋屈膝侧向栏架单腿站立，距栏架近的腿向后屈曲抬离地面，双臂微屈收于髋部两侧，背部平直，腹部收紧。

❷ 双臂快速向上摆起，带动身体快速伸髋伸膝，单脚蹬离地面，向侧面跳过栏架。

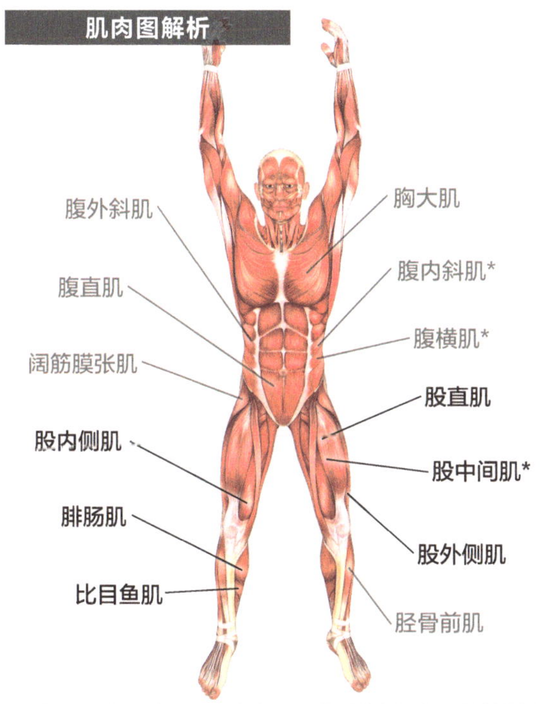

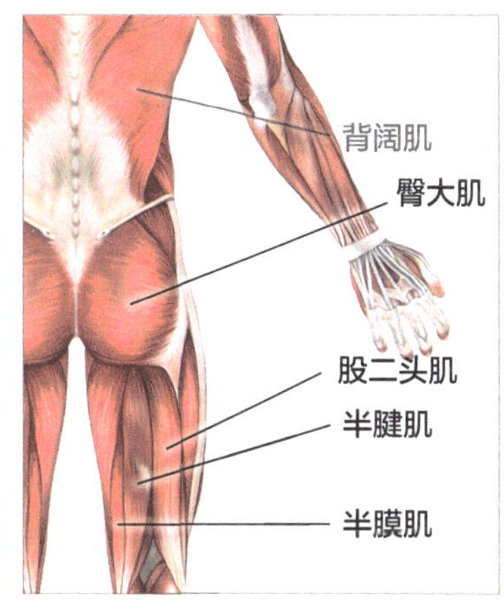

❸ 下落时换非起跳脚支撑。屈髋屈膝缓冲的同时双臂下摆至髋部两侧，单脚落地，保持该姿势1～2 秒。回到起始姿势，重复规定次数。换另一侧腿起跳重复相同的步骤。

栏架-有反向式-交换跳-横向

扫描二维码
看动作视频

难度等级 初级

辅助器械 栏架

要点提示

- 起跳时，先用力向下摆臂后迅速随身体向上摆臂，辅助发力。
- 腾空时，核心收紧，腰背挺直，体会躯干发力，控制整个身体。
- 落地时，膝关节不要内扣，不要超过脚尖，保持身体平衡稳定。
- 跳跃过程中，膝和脚尖方向应保持一致向前。

主要参与部位

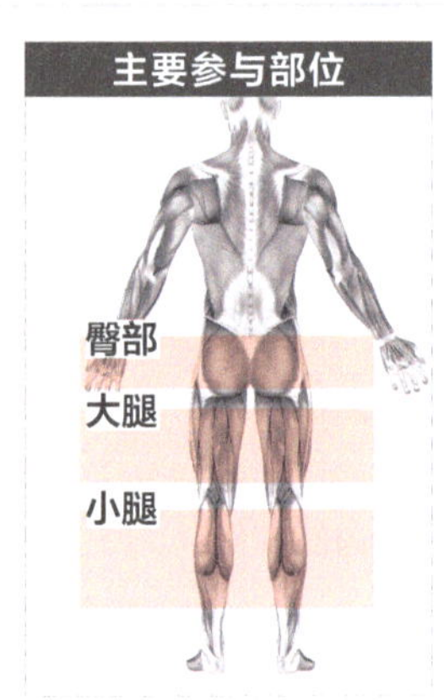

1. 侧向栏架单腿站立，距栏架近的腿向后屈曲抬离地面，双臂向上伸直举过头顶，背部平直，腹部收紧。

2. 屈髋屈膝的同时，双臂快速向下摆动至髋部两侧。

肌肉图解析

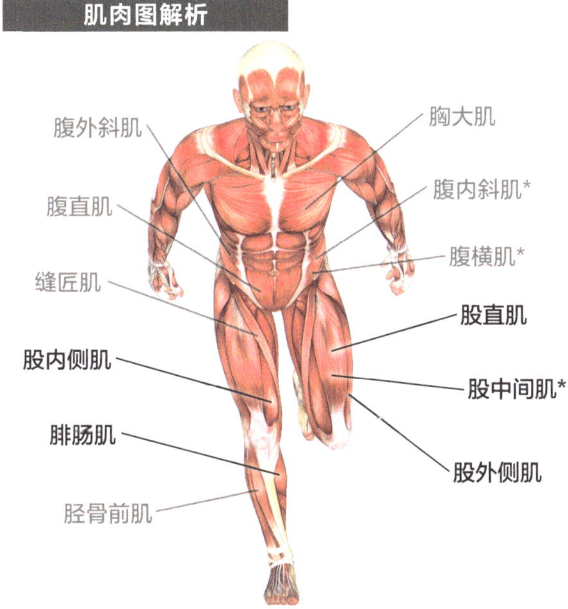

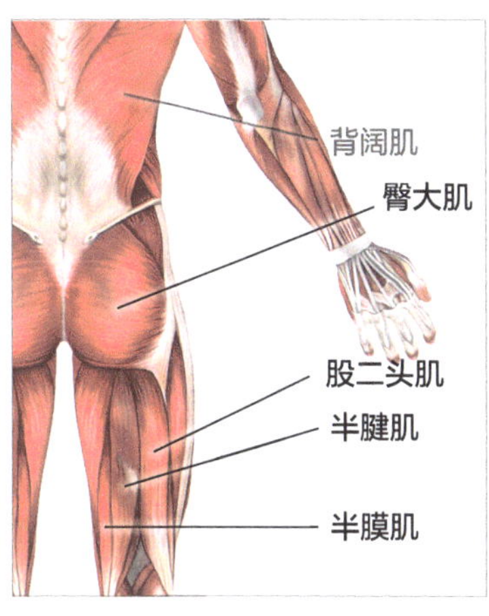

❸ 双臂快速向上摆起，带动身体快速伸髋伸膝，单脚蹬离地面，向侧面跳过栏架。

❹ 下落时换非起跳腿支撑。屈髋屈膝缓冲的同时双臂下摆至髋部两侧，单脚落地，保持该姿势1～2秒。回到起始姿势，重复规定次数。换另一侧腿起跳重复相同的步骤。

跳箱-双接触式-栏架-交换跳-横向

难度等级	中级
辅助器械	跳箱、栏架

要点提示

- 第一次落地时，前脚掌支撑，脚后跟略微抬离地面，有利于再次快速起跳。
- 起跳时，用力向上摆臂，辅助发力。
- 腾空时，核心收紧，腰背挺直，体会躯干发力，控制整个身体。
- 落地时，膝关节不要内扣，不要超过脚尖，保持身体平衡稳定。
- 跳跃过程中，膝和脚尖方向应保持一致向前。

主要参与部位

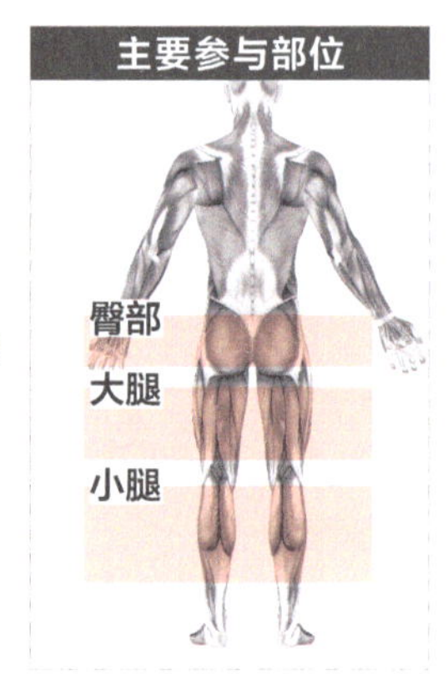

1. 并排间隔放置跳箱与栏架，身体直立站于跳箱边缘，侧向栏架，单腿支撑身体，距栏架近的腿悬空，双臂向上伸直举过头顶。

2. 重心向栏架侧移动，自然下落到跳箱与栏架之间，下落时还是之前的支撑腿落地，屈髋屈膝缓冲单脚落地的同时双臂下摆至髋部两侧。

肌肉图解析

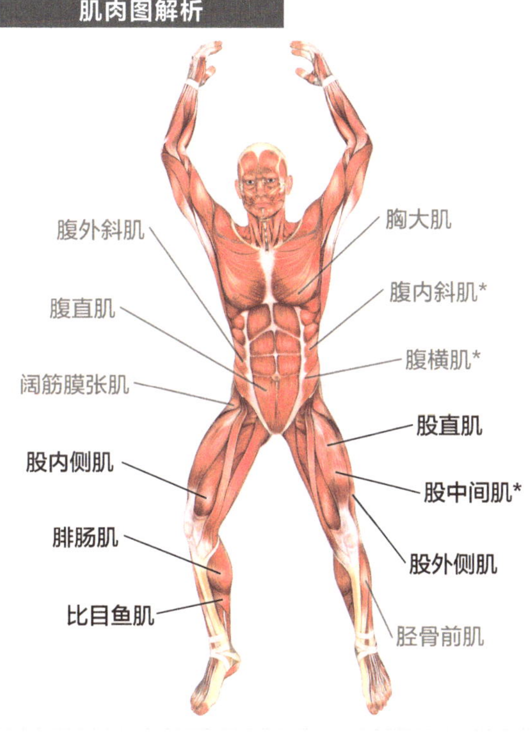

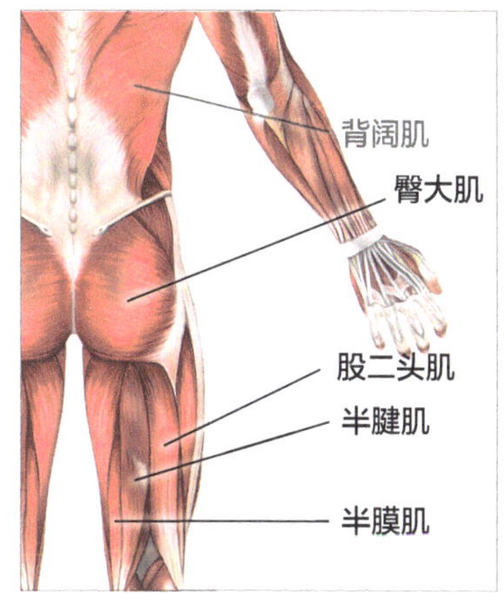

3 落地瞬间双臂快速向上摆起，带动身体快速向上伸髋伸膝，单脚蹬离地面，向侧面跳过栏架。

4 下落时交换支撑腿。屈髋屈膝缓冲的同时双臂下摆至髋部两侧，单脚落地，保持该姿势1～2 秒。回到起始姿势，重复规定次数。换另一侧腿起跳重复相同的步骤。

3.2.3 交换跳-旋转　栏架-无反向式-交换跳-旋转

扫描二维码
看动作视频

难度等级　中级

辅助器械　栏架

要点提示

- 起跳时，用力向上摆臂，辅助发力，并通过躯干使身体旋转。
- 腾空时，核心收紧，腰背挺直，体会躯干发力，控制整个身体。
- 落地时，膝关节不要内扣，不要超过脚尖，保持身体平衡稳定。
- 跳跃过程中，膝和脚尖方向应保持一致向前。

主要参与部位

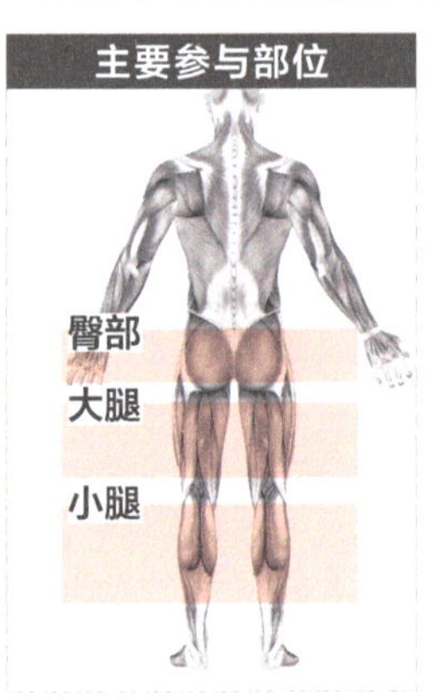

❶ 屈髋屈膝侧向栏架单腿站立，距栏架近的腿向后屈曲抬离地面，双臂微屈收于髋部两侧，背部平直，腹部收紧。

❷ 双臂快速向上摆起，带动身体快速伸髋伸膝，单脚蹬离地面，身体向左旋转 90 度，跳过栏架。

肌肉图解析

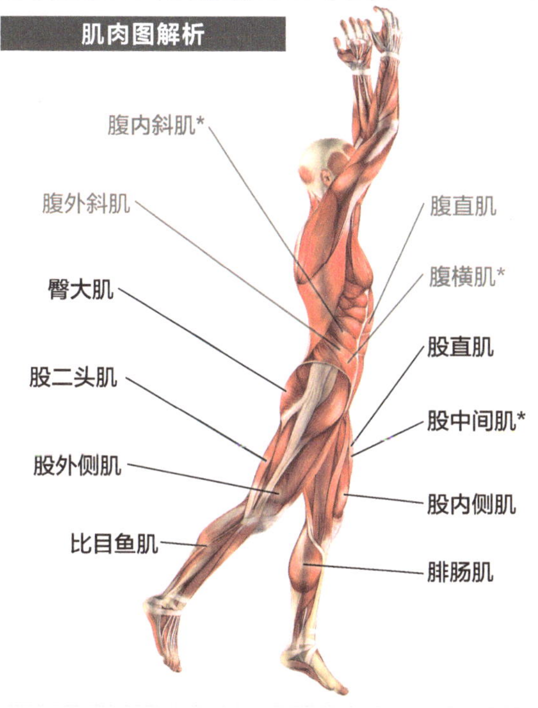

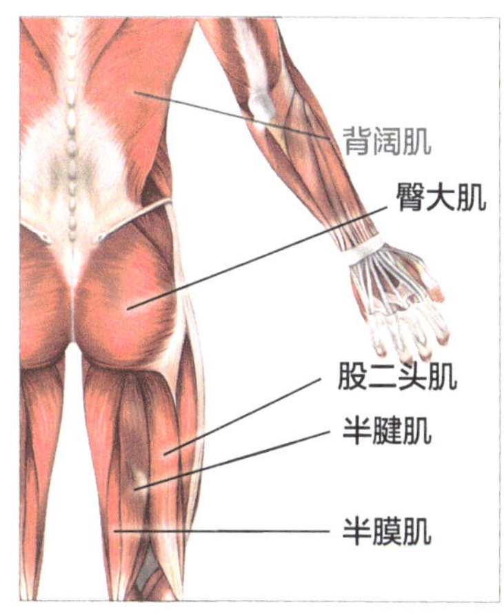

3 下落时交换支撑腿。屈髋屈膝缓冲的同时双臂下摆至髋部两侧，单脚落地，保持该姿势 1 ~ 2 秒。回到起始姿势，重复规定次数。换另一侧腿起跳重复相同的步骤。

栏架-有反向式-交换跳-旋转

扫描二维码
看动作视频

难度等级	中级
辅助器械	栏架

要点提示

- 起跳时，先用力向下摆臂后迅速随身体向上摆臂，辅助发力，并通过躯干使身体旋转。
- 腾空时，核心收紧，腰背挺直，体会躯干发力，控制整个身体。
- 落地时，膝关节不要内扣，不要超过脚尖，保持身体平衡稳定。
- 跳跃过程中，膝和脚尖方向应保持一致向前。

主要参与部位

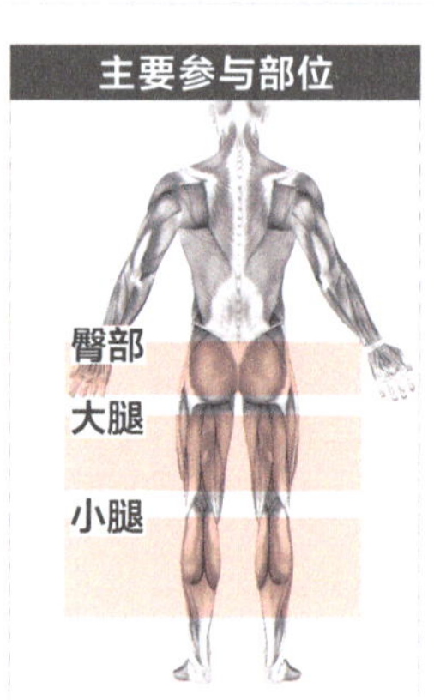

1. 侧向栏架单腿站立，距栏架近的腿向后屈曲抬离地面，双臂向上伸直举过头顶，背部平直，腹部收紧。

2. 屈膝屈髋的同时，双臂快速向下摆动至髋部两侧。

肌肉图解析

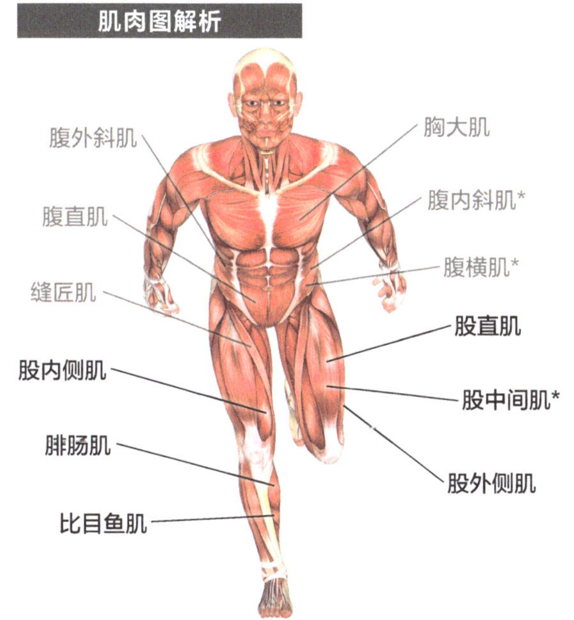

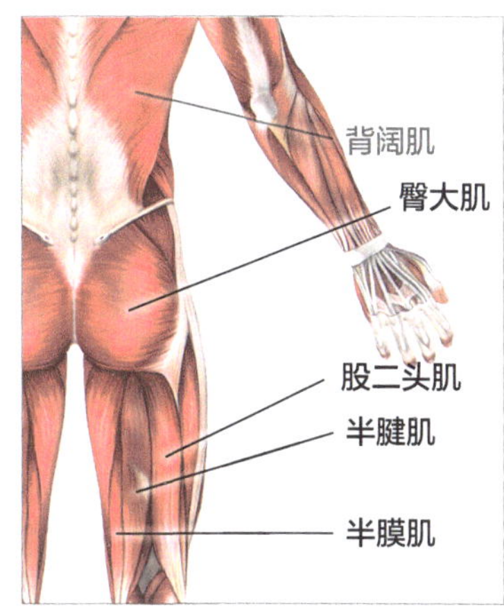

❸ 双臂快速向上摆起，带动身体快速伸髋伸膝，单脚蹬离地面，身体向左旋转90度，跳过栏架。

❹ 下落时交换支撑腿。屈髋屈膝缓冲的同时双臂下摆至髋部两侧，单脚落地，保持该姿势1 ~ 2 秒。回到起始姿势，重复规定次数。换另一侧腿起跳重复相同的步骤。

跳箱-栏架-双接触式-交换跳-旋转

难度等级 中级

辅助器械 跳箱、栏架

要点提示

- 第一次落地时，前脚掌支撑，脚后跟略微抬离地面，有利于再次快速起跳。
- 起跳时，先用力向下摆臂后迅速随身体向上摆臂，辅助发力，并通过躯干使身体旋转。
- 腾空时，核心收紧，腰背挺直，体会核心躯干发力，控制整个身体。
- 落地时，膝关节不要内扣，不要超过脚尖，保持身体平衡稳定。
- 跳跃过程中，膝和脚尖方向应保持一致向前。

主要参与部位

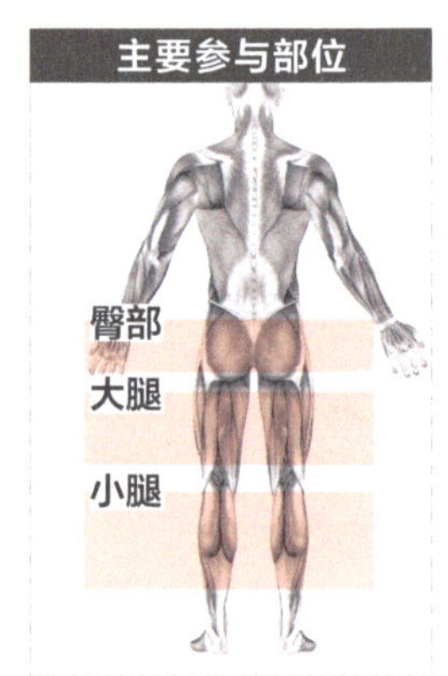

❶ 并排间隔放置跳箱与栏架，身体直立站于跳箱边缘，单腿支撑身体，距栏架近的腿悬空，双臂向上伸直举过头顶。

❷ 重心向栏架一侧移动，使身体自然下落到跳箱与栏架之间，之前的支撑腿仍然保持单腿支撑的状态，屈髋屈膝缓冲单脚落地的同时双臂下摆至髋部两侧。

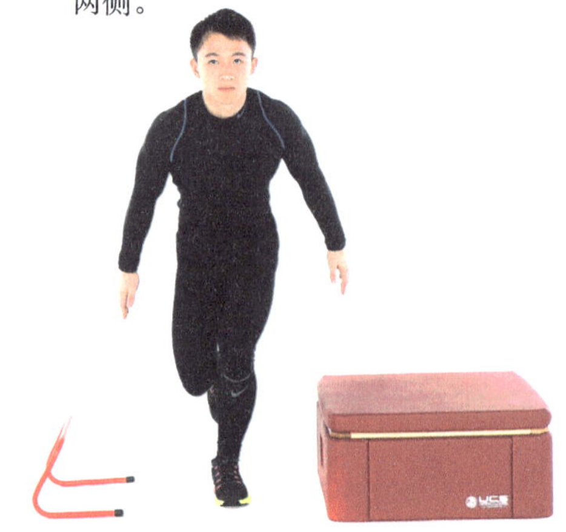

肌肉图解析

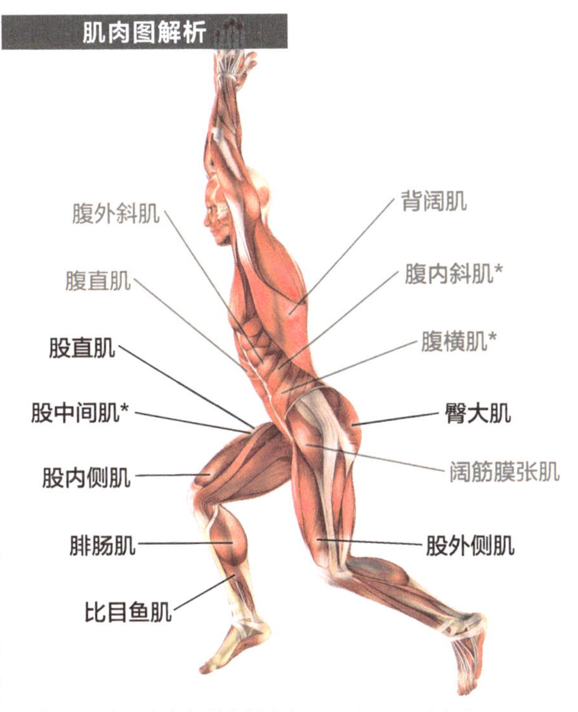

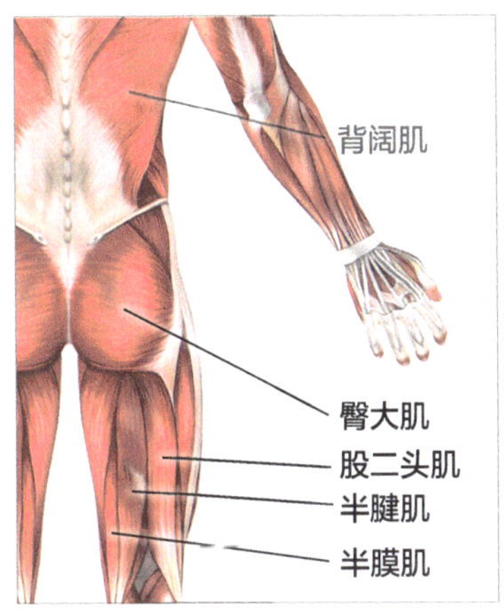

3 落地瞬间，双臂快速向上摆起，带动身体快速向上伸髋伸膝，单脚蹬离地面，身体向左旋转90度，跳过栏架。

4 下落时交换支撑腿。屈髋屈膝缓冲的同时双臂下摆至髋部两侧，单脚落地，保持该姿势1～2秒。回到起始姿势，重复规定次数。换另一侧腿起跳重复相同的步骤。

3.3 单脚跳

3.3.1 单脚跳-纵向　跳箱-无反向式-单脚跳-纵向

扫描二维码
看动作视频

难度等级	初级
辅助器械	跳箱

要点提示

- 起跳时，用力向上摆臂，辅助发力。
- 腾空时，核心收紧，腰背挺直，体会躯干发力，控制整个身体。
- 落到跳箱上时，膝关节不要内扣，不要超过脚尖，保持身体平衡稳定。
- 跳跃过程中，膝和脚尖方向应保持一致向前。

主要参与部位

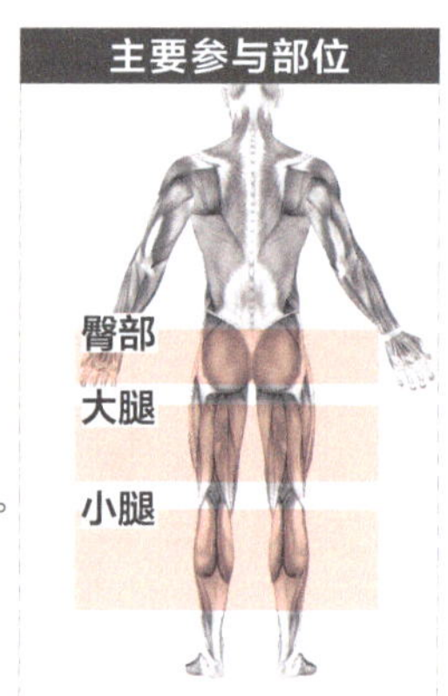

❶ 屈髋屈膝面向跳箱单腿站立，双臂微屈收于髋部两侧。

❷ 双臂快速向上摆起，带动身体快速伸髋伸膝，单脚蹬离地面，使身体向上并向前跳上跳箱。

肌肉图解析

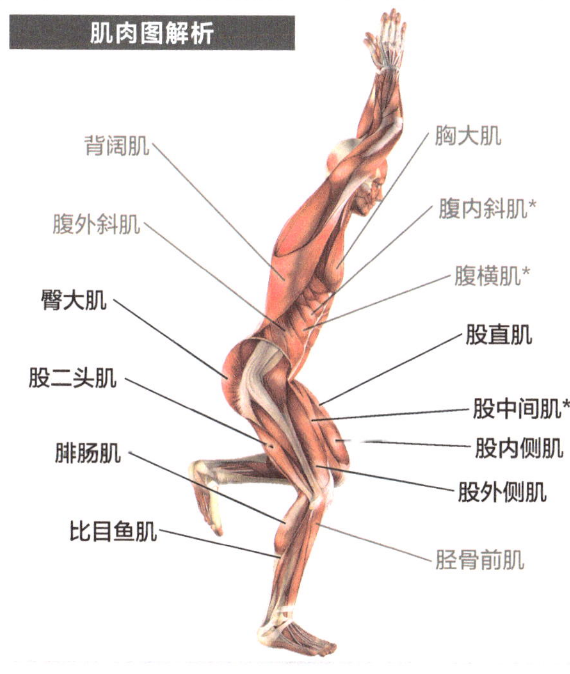

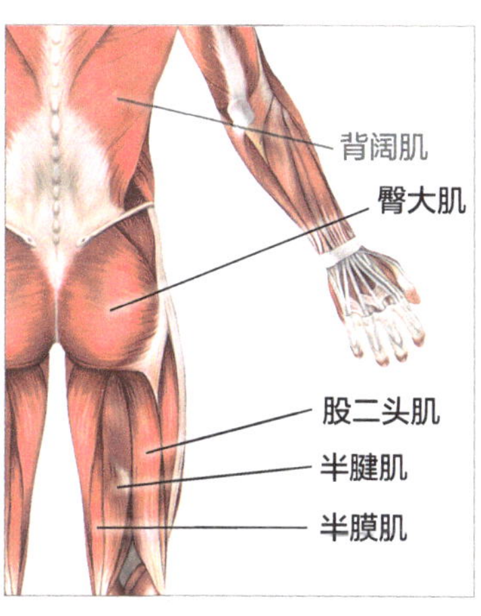

3 屈髋屈膝缓冲的同时双臂下摆至髋部两侧，起跳脚落于跳箱上，保持该姿势1～2秒。走下跳箱，回到起始姿势，重复规定次数。换另一侧腿起跳重复相同的步骤。

栏架-无反向式-单脚跳-纵向

扫描二维码
看动作视频

难度等级	初级
辅助器械	栏架

要点提示

- 起跳时，用力向上摆臂，辅助发力。
- 腾空时，核心收紧，腰背挺直，体会躯干发力，控制整个身体。
- 落地时，膝关节不要内扣，不要超过脚尖，保持身体平衡稳定。
- 跳跃过程中，膝和脚尖方向应保持一致向前。

主要参与部位

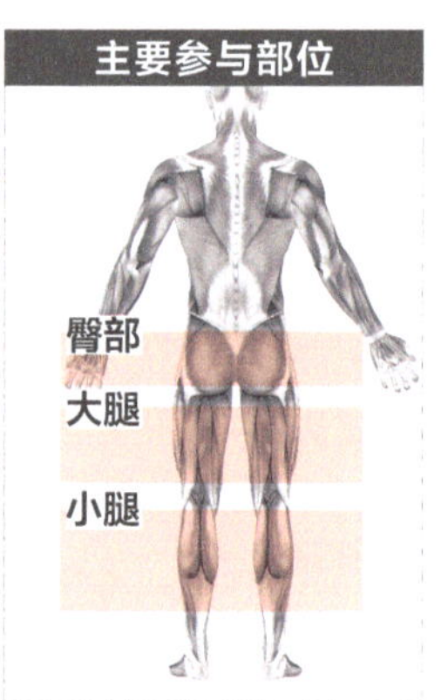

1 屈髋屈膝面向栏架单腿站立，双臂微屈收于髋部两侧。

2 双臂快速向上摆起，带动身体快速伸髋伸膝，单脚蹬离地面，使身体向上并向前跳过栏架。

肌肉图解析

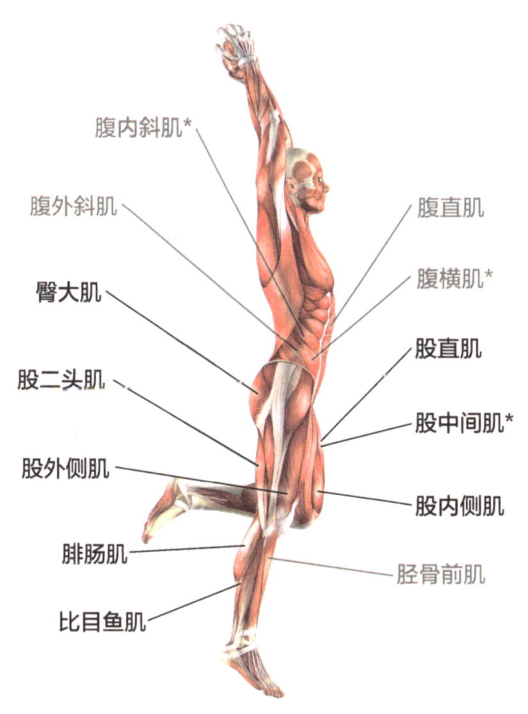

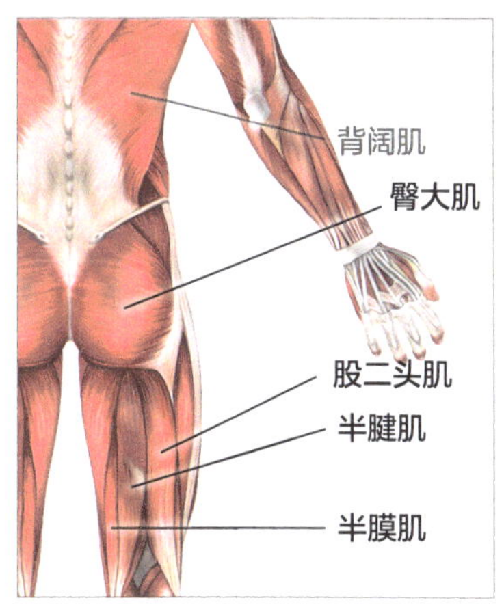

3 屈髋屈膝缓冲的同时双臂下摆至髋部两侧，起跳脚落地，保持该姿势1～2秒。回到起始姿势，重复规定次数。换另一侧腿起跳重复相同的步骤。

跳箱-有反向式-单脚跳-纵向

扫描二维码
看动作视频

难度等级	初级
辅助器械	跳箱

要点提示

- 起跳时，先用力向下摆臂后迅速随身体向上摆臂，辅助发力。
- 腾空时，核心收紧，腰背挺直，体会躯干发力，控制整个身体。
- 落到跳箱上时，膝关节不要内扣，不要超过脚尖，保持身体平衡稳定。
- 跳跃过程中，膝和脚尖方向应保持一致向前。

主要参与部位

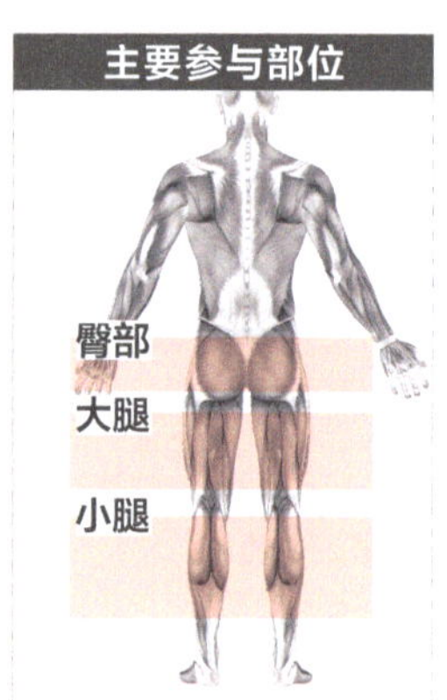

1. 面向跳箱单腿站立，双臂向上伸直举过头顶。

2. 屈髋屈膝的同时双臂快速向下摆动至髋部两侧。

肌肉图解析

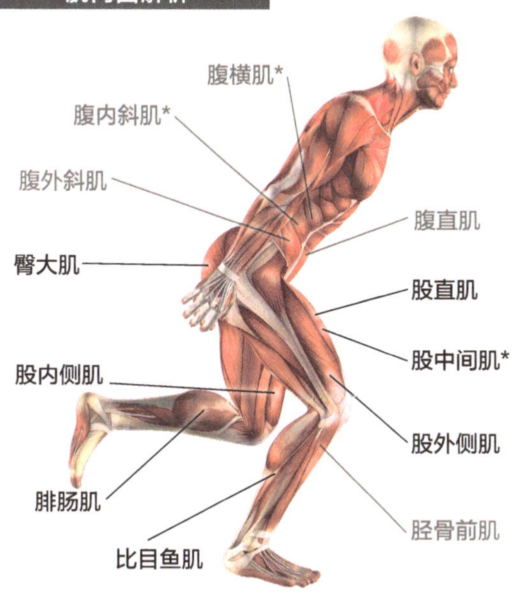

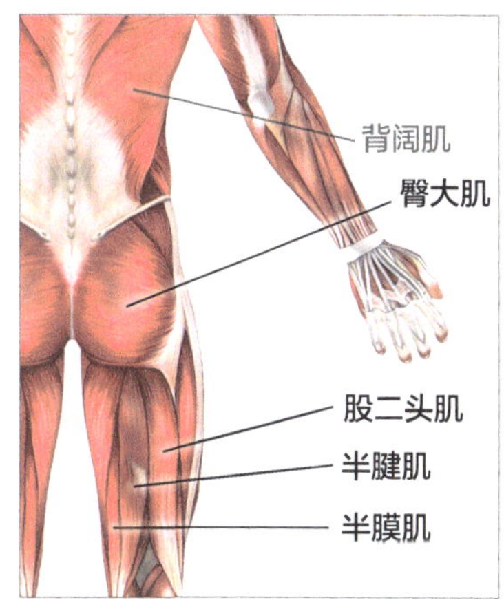

❸ 双臂快速向上摆起，带动身体快速伸髋伸膝，单脚蹬离地面，向前跳上跳箱。

❹ 屈髋屈膝缓冲的同时双臂下摆至髋部两侧，起跳脚落于跳箱上，保持该姿势1～2秒。走下跳箱，回到起始姿势，重复规定次数。换另一侧腿起跳重复相同的步骤。

栏架-有反向式-单脚跳-纵向

扫描二维码
看动作视频

难度等级	初级
辅助器械	栏架

要点提示

- 起跳时，先用力向下摆臂后迅速随身体向上摆臂，辅助发力。
- 腾空时，核心收紧，腰背挺直，体会躯干发力，控制整个身体。
- 落地时，膝关节不要内扣，不要超过脚尖，保持身体平衡稳定。
- 跳跃过程中，膝和脚尖方向应保持一致向前。

主要参与部位

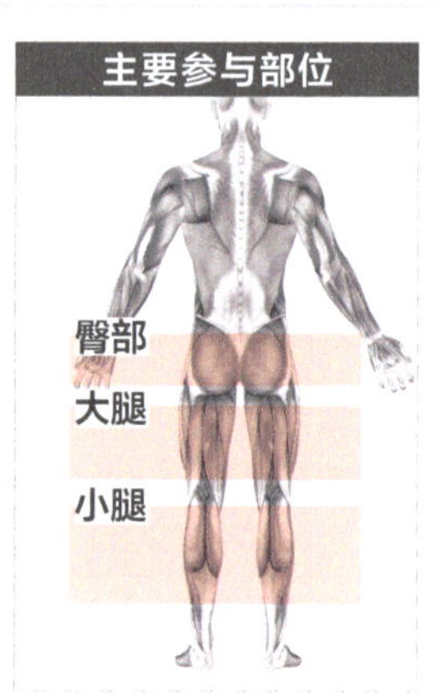

❶ 面向栏架单腿站立，双臂向上伸直举过头顶。

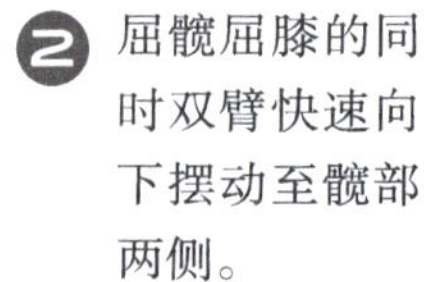

❷ 屈髋屈膝的同时双臂快速向下摆动至髋部两侧。

肌肉图解析

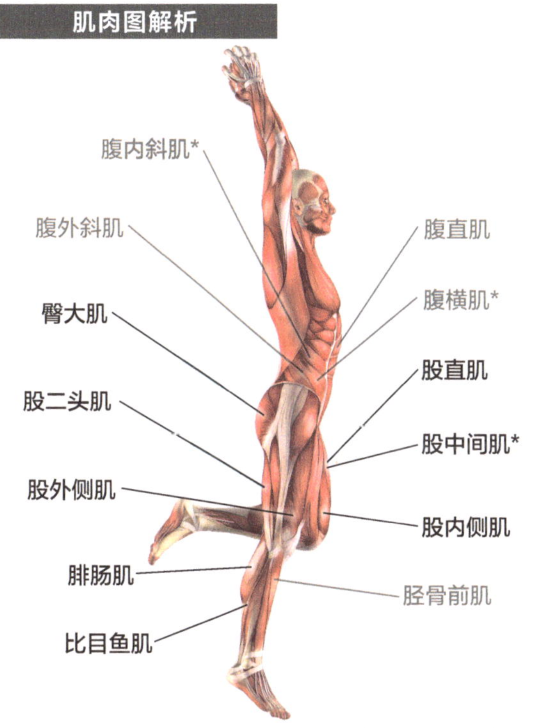

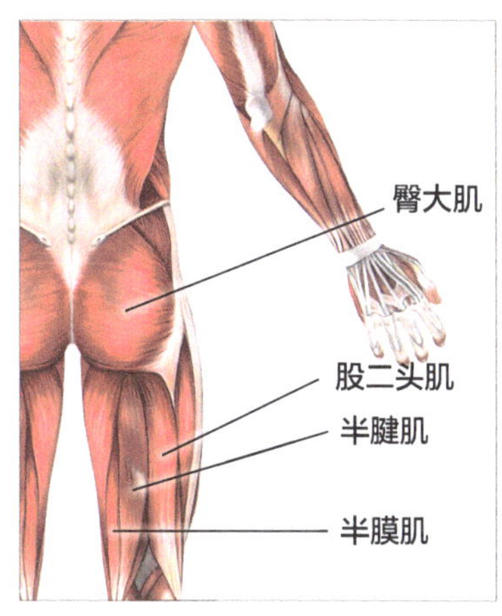

3 双臂快速向上摆起，带动身体快速伸髋伸膝，单脚蹬离地面，使身体向上并向前跳过栏架。

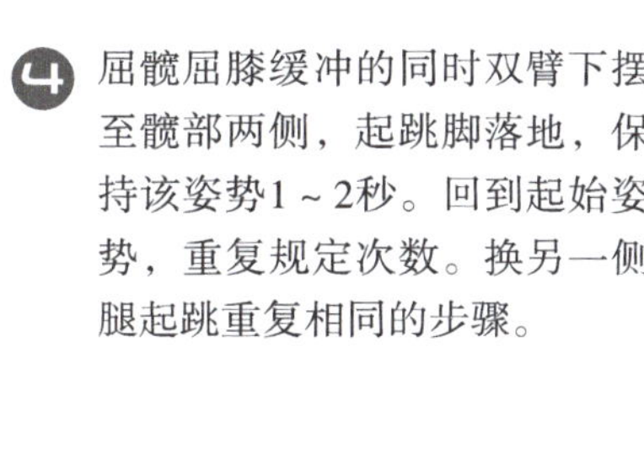

4 屈髋屈膝缓冲的同时双臂下摆至髋部两侧，起跳脚落地，保持该姿势1～2秒。回到起始姿势，重复规定次数。换另一侧腿起跳重复相同的步骤。

跳箱-栏架-双接触式-单脚跳-纵向

扫描二维码
看动作视频

难度等级	中级
辅助器械	跳箱、栏架

要点提示

- 第一次落地时，前脚掌支撑，脚后跟略微抬离地面，有利于再次快速起跳。
- 起跳时，用力向上摆臂，辅助发力。
- 腾空时，核心收紧，腰背挺直，体会躯干发力，控制整个身体。
- 落地时，膝关节不要内扣，不要超过脚尖，保持身体平衡稳定。
- 跳跃过程中，膝和脚尖方向应保持一致向前。

主要参与部位

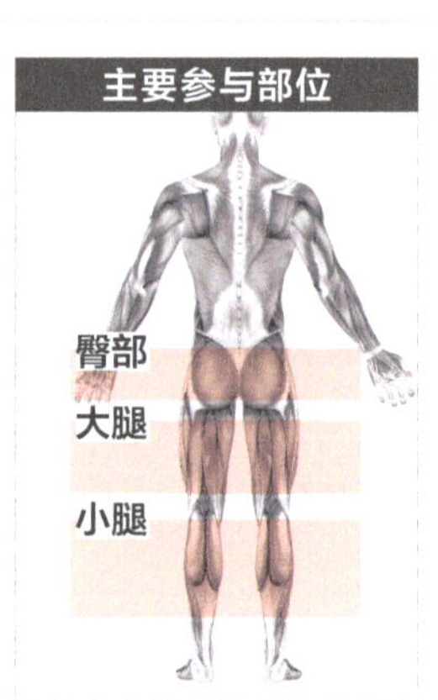

1. 并排间隔放置跳箱与栏架，身体直立站于跳箱边缘，面向栏架，一侧腿支撑身体，另一侧腿向前悬空，双臂自然下垂。

2. 重心前移，使身体自然下落到跳箱与栏架之间，屈髋屈膝悬空腿单脚落地的同时双臂下摆至髋部两侧。

肌肉图解析

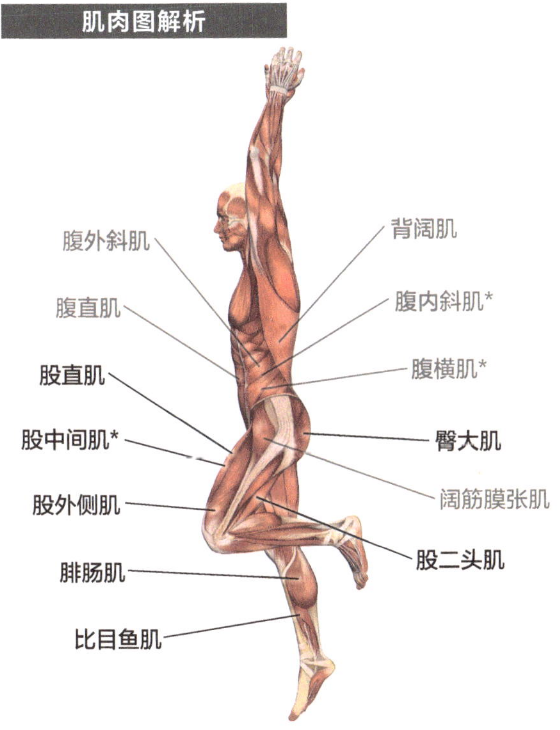

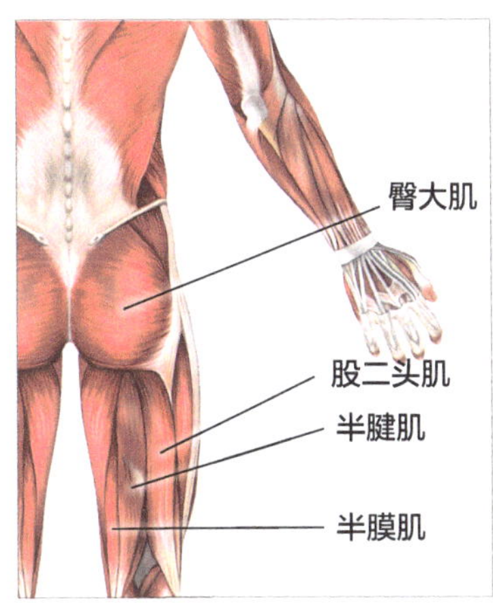

❸ 落地瞬间双臂快速向上摆起，带动身体快速向上伸髋伸膝，单脚蹬离地面，向前跳过栏架。

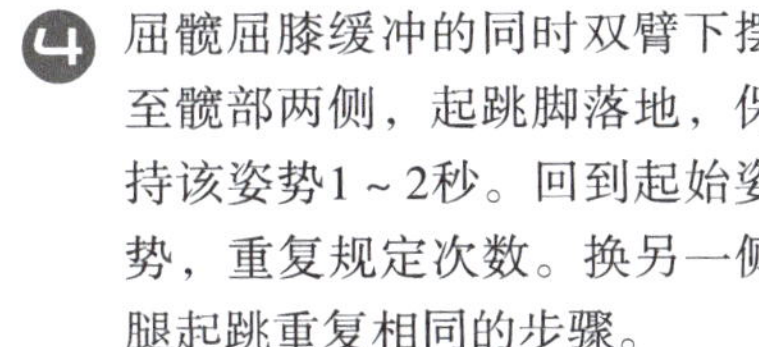

❹ 屈髋屈膝缓冲的同时双臂下摆至髋部两侧，起跳脚落地，保持该姿势1～2秒。回到起始姿势，重复规定次数。换另一侧腿起跳重复相同的步骤。

3.3.2
单脚跳-横向

跳箱-无反向式-单脚跳-横向-异侧

扫描二维码
看动作视频

难度等级　初级

辅助器械　跳箱

要点提示

- 起跳时，用力向上摆臂，辅助发力。
- 腾空时，核心收紧，腰背挺直，体会躯干发力，控制整个身体。
- 落到跳箱上时，膝关节不要内扣，不要超过脚尖，保持身体平衡稳定。
- 跳跃过程中，膝和脚尖方向应保持一致向前。

主要参与部位

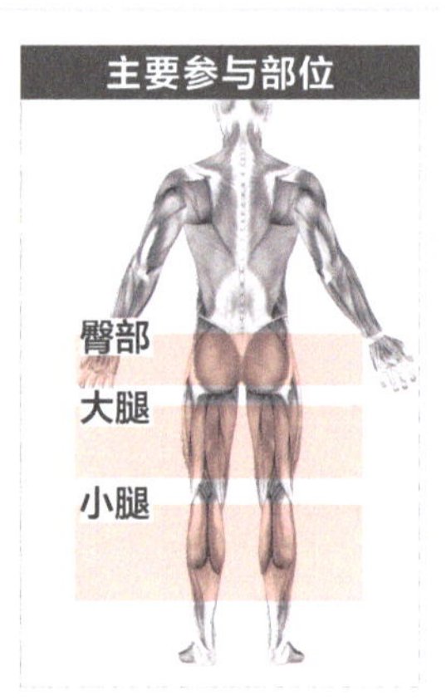

1 屈髋屈膝侧向跳箱单腿站立，距跳箱近的腿向后屈曲抬离地面，双臂微屈收于髋部两侧。

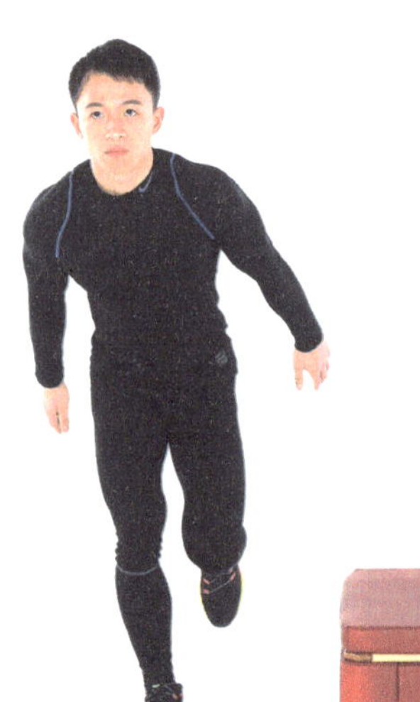

2 双臂快速向上摆起，带动身体快速伸髋伸膝，单脚蹬离地面，向侧面跳上跳箱。

肌肉图解析

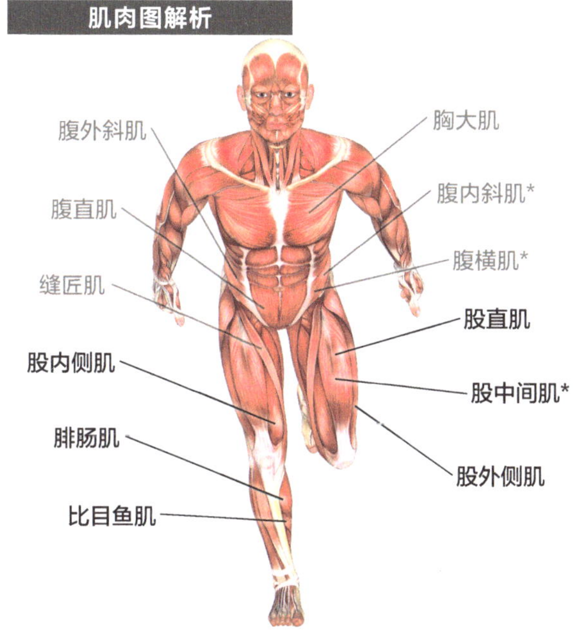

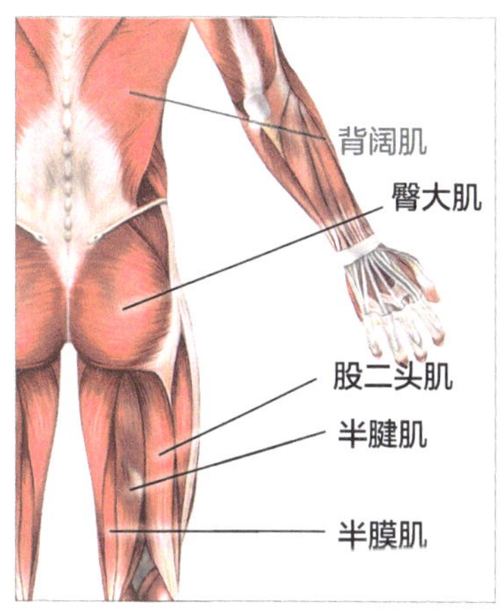

3 屈髋屈膝缓冲的同时双臂下摆至髋部两侧，起跳脚落于跳箱上，保持该姿势1～2秒。回到起始姿势，重复规定次数。换另一侧腿起跳重复相同的步骤。

跳箱-无反向式-单脚跳-横向-同侧

扫描二维码
看动作视频

难度等级	初级
辅助器械	跳箱

要点提示

- 起跳时，用力向上摆臂，辅助发力。
- 腾空时，核心收紧，腰背挺直，体会核心躯干发力，控制整个身体。
- 落到跳箱上时，膝关节不要内扣，不要超过脚尖，保持身体平衡稳定。
- 跳跃过程中，膝和脚尖方向应保持一致向前。

主要参与部位

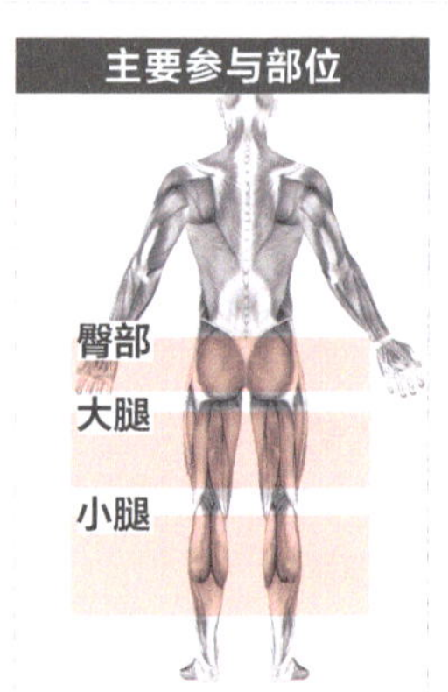

1. 屈髋屈膝侧向跳箱单腿站立，距跳箱远的腿向后屈曲抬离地面，双臂微屈收于髋部两侧。

2. 双臂快速向上摆起，带动身体快速伸髋伸膝，单脚蹬离地面，向侧面跳上跳箱。

肌肉图解析

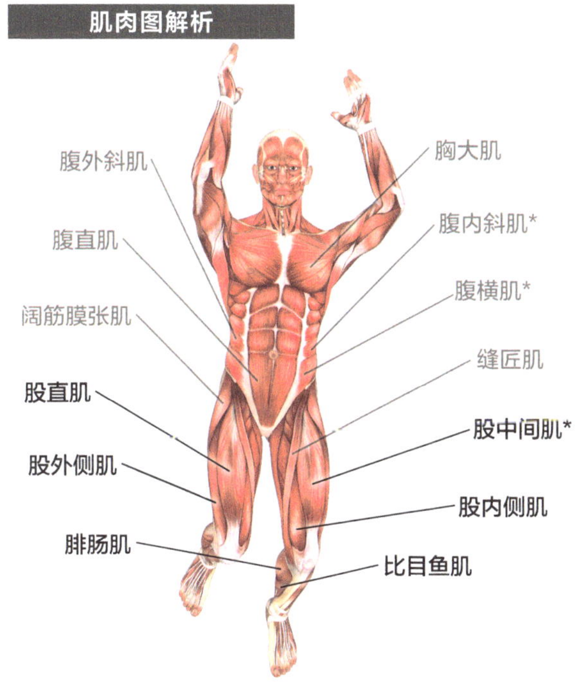

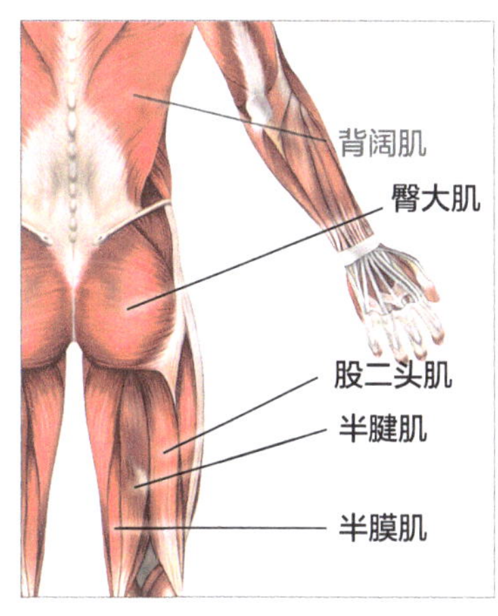

3 屈髋屈膝缓冲的同时双臂下摆至髋部两侧，起跳脚落于跳箱上，保持该姿势1～2秒。回到起始姿势，重复规定次数。换另一侧腿起跳重复相同的步骤。

栏架-无反向式-单脚跳-横向-异侧

扫描二维码
看动作视频

难度等级	初级
辅助器械	栏架

要点提示

- 起跳时，用力向上摆臂，辅助发力。
- 腾空时，核心收紧，腰背挺直，体会躯干发力，控制整个身体。
- 落地时，膝关节不要内扣，不要超过脚尖，保持身体平衡稳定。
- 跳跃过程中，膝和脚尖方向应保持一致向前。

主要参与部位

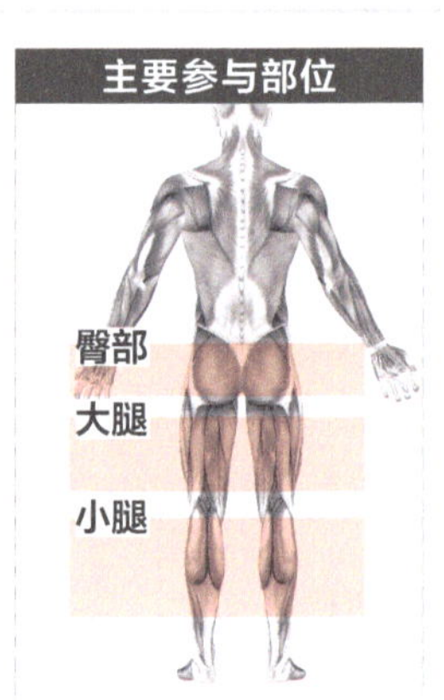

❶ 屈髋屈膝侧向栏架单腿站立，距栏架近的腿向后屈曲抬离地面，双臂微屈收于髋部两侧。

❷ 双臂快速向上摆起，带动身体快速伸髋伸膝，单脚蹬离地面，向侧面跳过栏架。

肌肉图解析

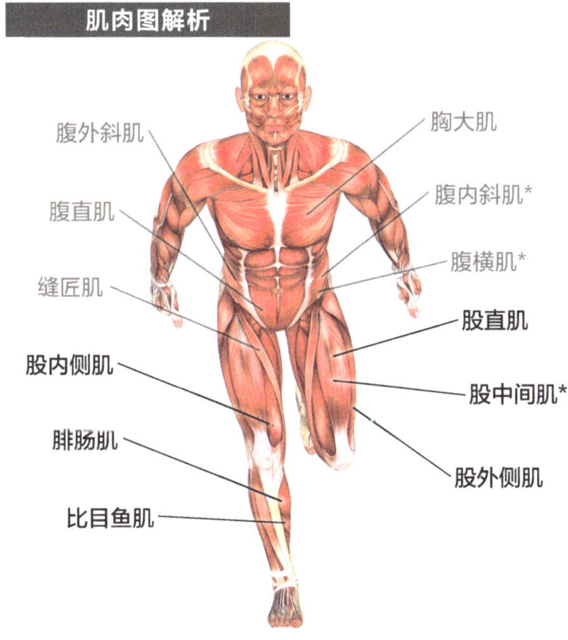

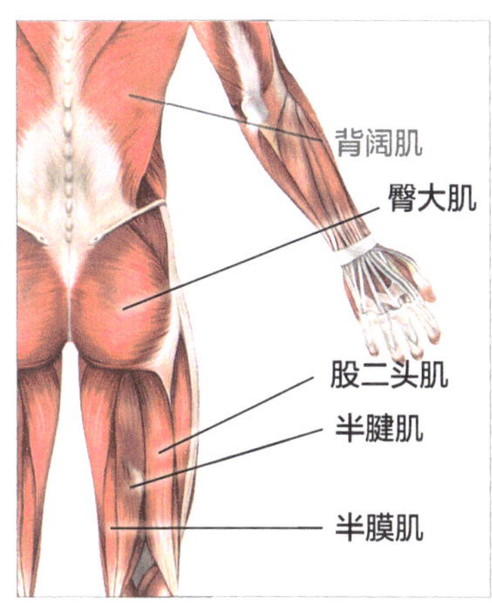

3 屈髋屈膝缓冲的同时双臂下摆至髋部两侧，起跳脚落地，保持该姿势1～2秒。回到起始姿势，重复规定次数。换另一侧腿起跳重复相同的步骤。

栏架-无反向式-单脚跳-横向-同侧

扫描二维码
看动作视频

难度等级　初级

辅助器械　栏架

要点提示

- 起跳时，用力向上摆臂，辅助发力。
- 腾空时，核心收紧，腰背挺直，体会躯干发力，控制整个身体。
- 落地时，膝关节不要内扣，不要超过脚尖，保持身体平衡稳定。
- 跳跃过程中，膝和脚尖方向应保持一致向前。

主要参与部位

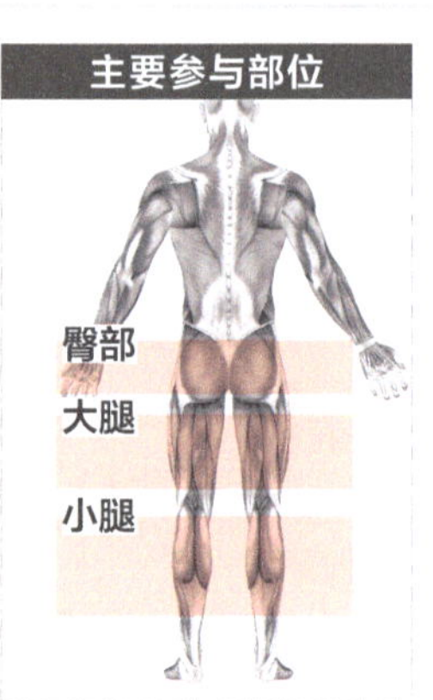

1. 屈髋屈膝侧向栏架单腿站立，距栏架远的腿向后屈曲抬离地面，双臂微屈收于髋部两侧。

2. 双臂快速向上摆起，带动身体快速伸髋伸膝，单脚蹬离地面，向侧面跳过栏架。

肌肉图解析

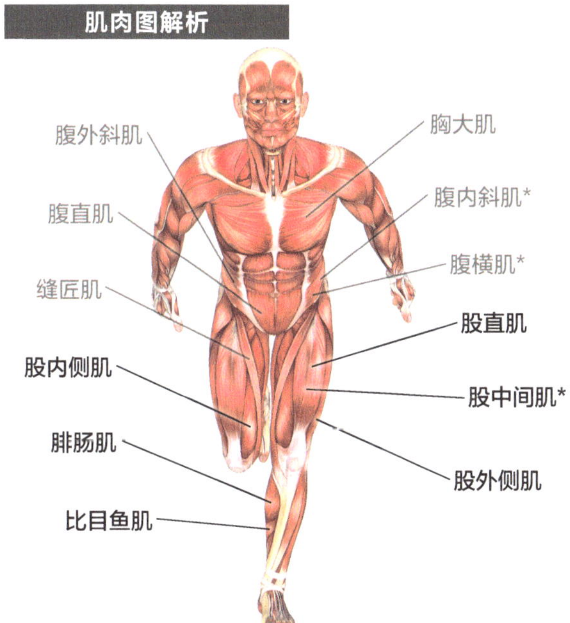

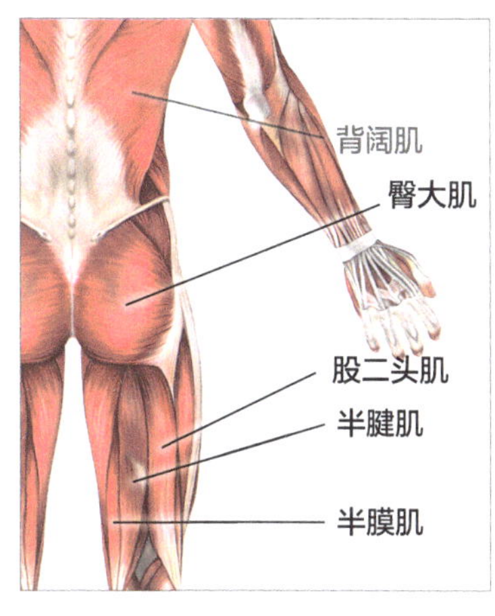

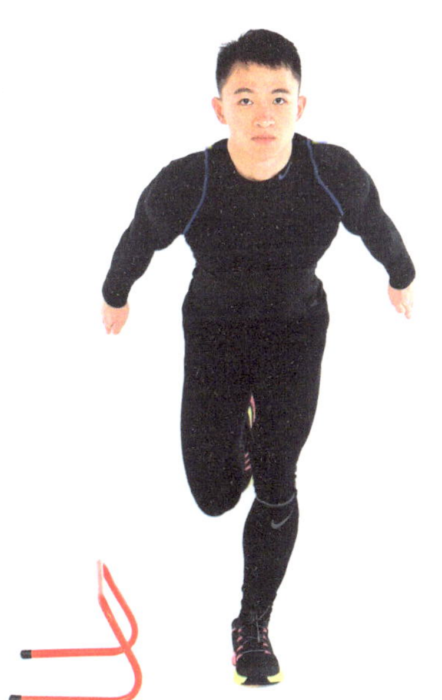

❸ 屈髋屈膝缓冲的同时双臂下摆至髋部两侧，起跳脚落地，保持该姿势1～2秒。回到起始姿势，重复规定次数。换另一侧腿起跳重复相同的步骤。

跳箱-有反向式-单脚跳-横向-异侧

扫描二维码
看动作视频

难度等级	初级
辅助器械	跳箱

要点提示

- 起跳时，先用力向下摆臂后迅速随身体向上摆臂，辅助发力。
- 腾空时，核心收紧，腰背挺直，体会躯干发力，控制整个身体。
- 落到跳箱上时，膝关节不要内扣，不要超过脚尖，保持身体平衡稳定。
- 跳跃过程中，膝和脚尖方向应保持一致向前。

主要参与部位

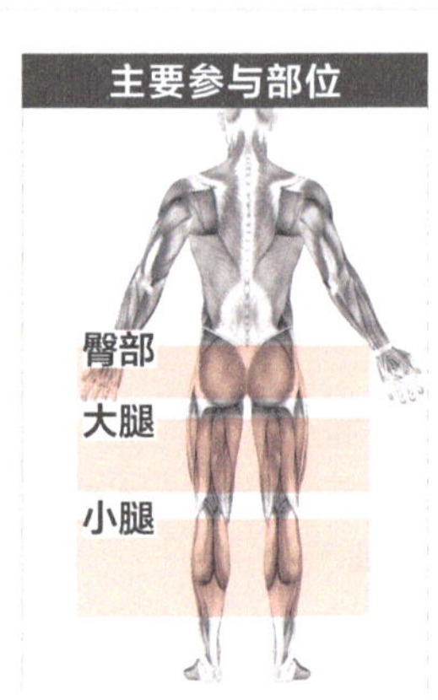

1 身体侧向跳箱单腿站立，距跳箱近的腿向后屈曲抬离地面，双臂伸直举过头顶。

2 屈髋屈膝的同时双臂快速向下摆动至髋部两侧。

肌肉图解析

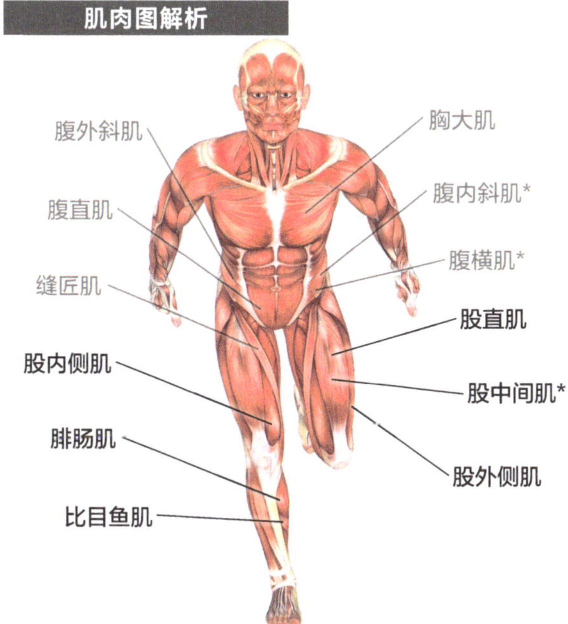

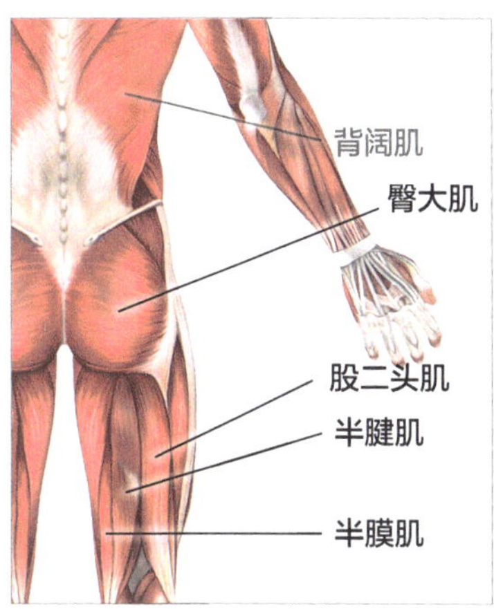

3 双臂快速向上摆起，带动身体快速伸髋伸膝，单脚蹬离地面，使身体向上并向侧面跳上跳箱。

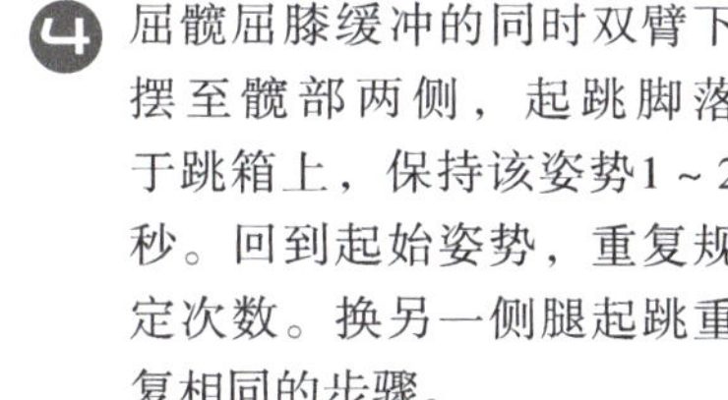

4 屈髋屈膝缓冲的同时双臂下摆至髋部两侧，起跳脚落于跳箱上，保持该姿势1～2秒。回到起始姿势，重复规定次数。换另一侧腿起跳重复相同的步骤。

跳箱-有反向式-单脚跳-横向-同侧

扫描二维码
看动作视频

难度等级 初级

辅助器械 跳箱

要点提示

- 起跳时，先用力向下摆臂后迅速随身体向上摆臂，辅助发力。
- 腾空时，核心收紧，腰背挺直，体会躯干发力，控制整个身体。
- 落到跳箱上时，膝关节不要内扣，不要超过脚尖，保持身体平衡稳定。
- 跳跃过程中，膝和脚尖方向应保持一致向前。

主要参与部位

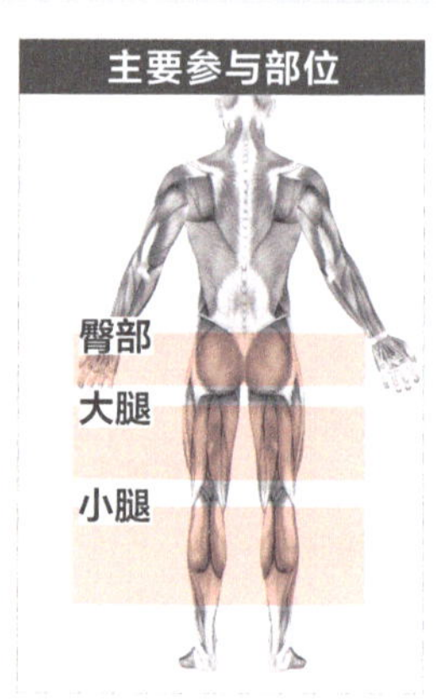

❶ 身体侧向跳箱单腿站立，距跳箱远的腿向后屈曲抬离地面，双臂伸直举过头顶。

❷ 屈髋屈膝的同时双臂快速向下摆动至髋部两侧。

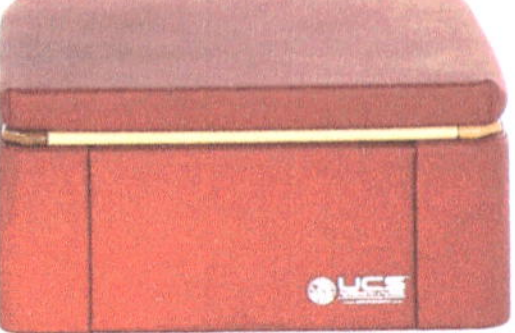

肌肉图解析

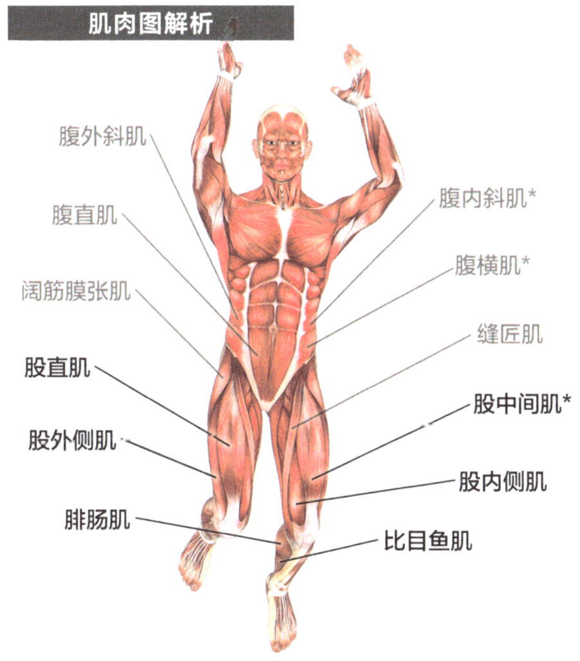

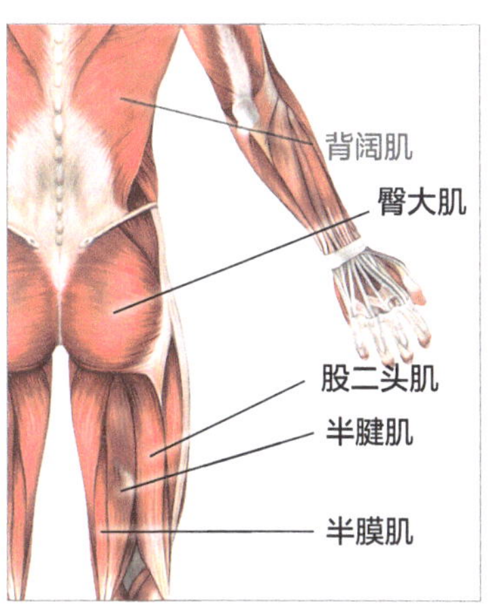

③ 双臂快速向上摆起，带动身体快速伸髋伸膝，单脚蹬离地面，使身体向上并向侧面跳上跳箱。

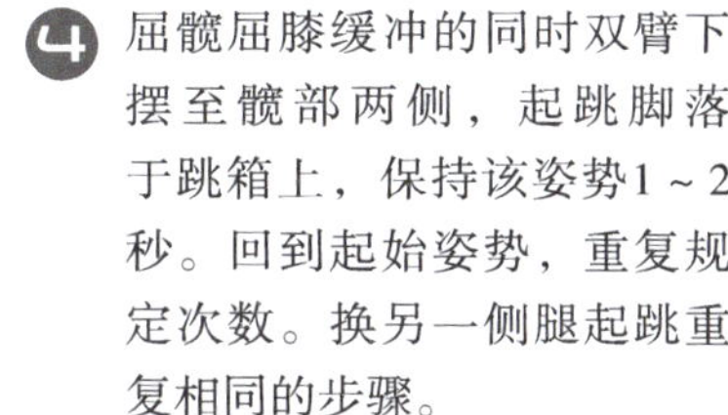

④ 屈髋屈膝缓冲的同时双臂下摆至髋部两侧，起跳脚落于跳箱上，保持该姿势1～2秒。回到起始姿势，重复规定次数。换另一侧腿起跳重复相同的步骤。

栏架-有反向式-单脚跳-横向-异侧

扫描二维码
看动作视频

难度等级	初级
辅助器械	栏架

要点提示

- 起跳时，先用力向下摆臂后迅速随身体向上摆臂，辅助发力。
- 腾空时，核心收紧，腰背挺直，体会躯干发力，控制整个身体。
- 落地时，膝关节不要内扣，不要超过脚尖，保持身体平衡稳定。
- 跳跃过程中，膝和脚尖方向应保持一致向前。

主要参与部位

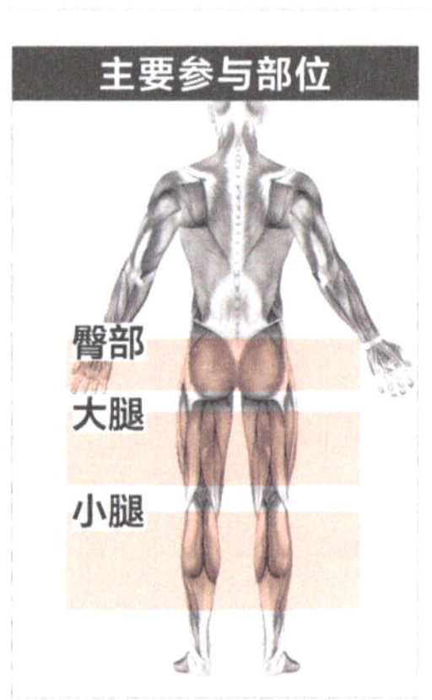

❶ 身体侧向栏架单腿站立，距栏架近的腿向后屈曲抬离地面，双臂伸直举过头顶。

❷ 屈髋屈膝的同时双臂快速向下摆动至髋部两侧。

肌肉图解析

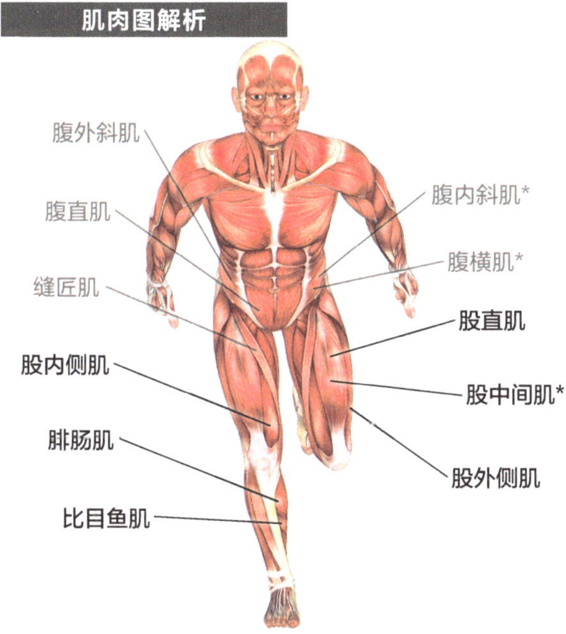

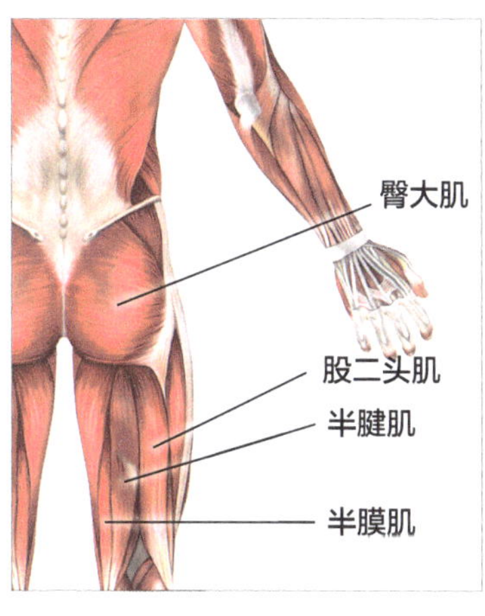

❸ 双臂快速向上摆起，带动身体快速伸髋伸膝，单脚蹬离地面，使身体向上并向侧面跳过栏架。

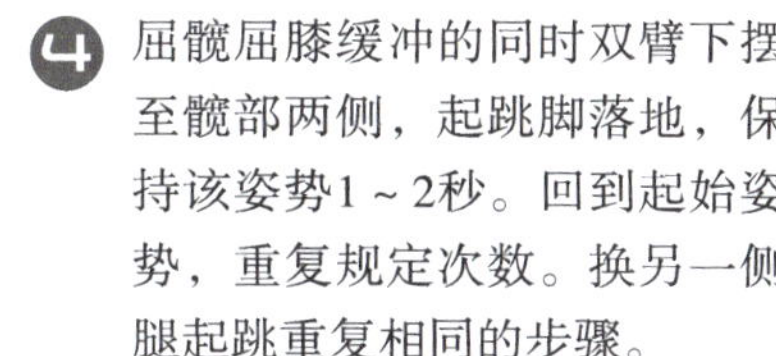

❹ 屈髋屈膝缓冲的同时双臂下摆至髋部两侧，起跳脚落地，保持该姿势1～2秒。回到起始姿势，重复规定次数。换另一侧腿起跳重复相同的步骤。

栏架-有反向式-单脚跳-横向-同侧

扫描二维码
看动作视频

难度等级	初级
辅助器械	栏架

要点提示

- 起跳时，先用力向下摆臂后迅速随身体向上摆臂，辅助发力。
- 腾空时，核心收紧，腰背挺直，体会躯干发力，控制整个身体。
- 落地时，膝关节不要内扣，不要超过脚尖，保持身体平衡稳定。
- 跳跃过程中，膝和脚尖方向应保持一致向前。

主要参与部位

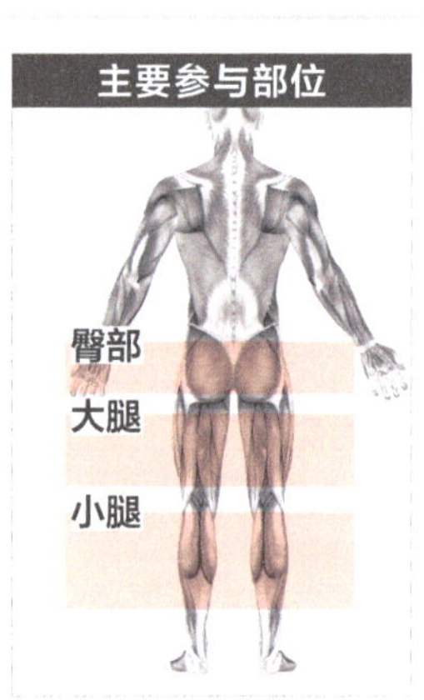

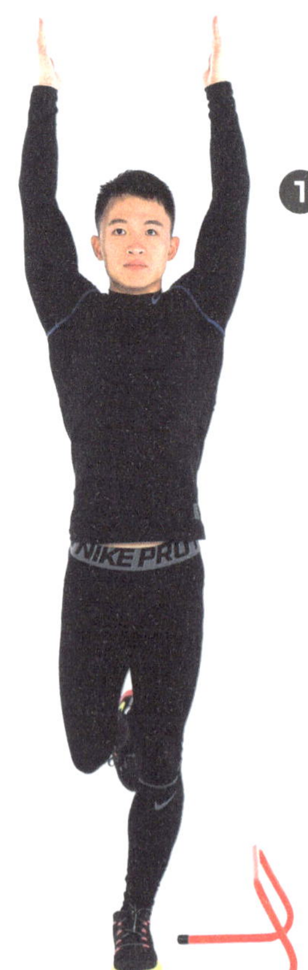

❶ 身体侧向栏架单腿站立，距栏架远的腿向后屈曲抬离地面，双臂伸直举过头顶。

❷ 屈髋屈膝的同时双臂快速向下摆动至髋部两侧。

肌肉图解析

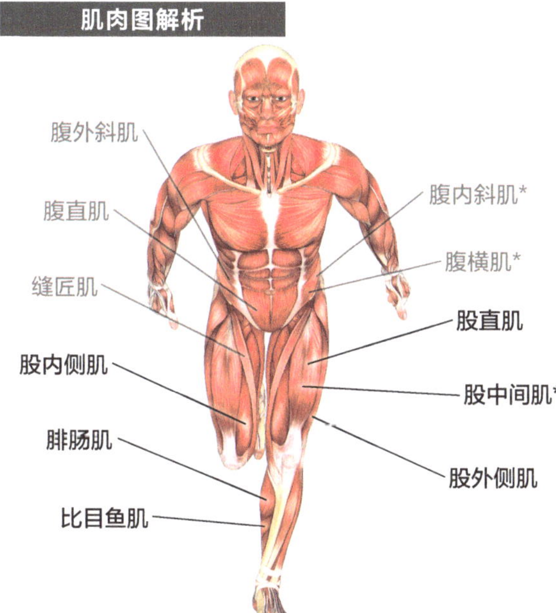

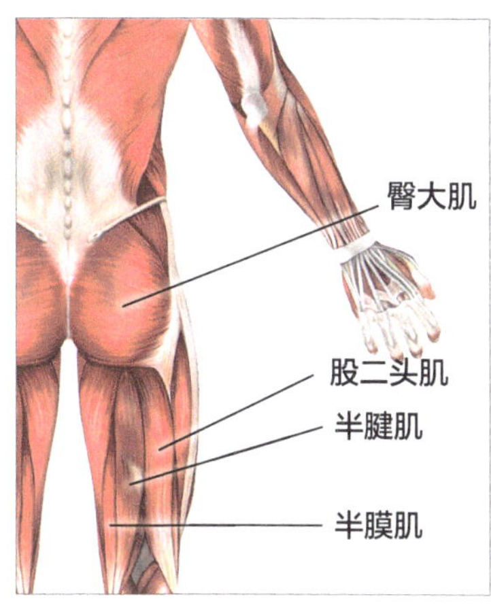

3 双臂快速向上摆起，带动身体快速伸髋伸膝，单脚蹬离地面，使身体向上并向侧面跳过栏架。

4 屈髋屈膝缓冲的同时双臂下摆至髋部两侧，起跳脚落地，保持该姿势1～2秒。回到起始姿势，重复规定次数。换另一侧腿起跳重复相同的步骤。

跳箱-栏架-双接触式-单脚跳-横向-异侧

扫描二维码
看动作视频

难度等级	中级
辅助器械	跳箱、栏架

要点提示

- 起跳时，先用力向下摆臂后迅速随身体向上摆臂，辅助发力。
- 腾空时，核心收紧，腰背挺直，体会躯干发力，控制整个身体。
- 落到跳箱上时，膝关节不要内扣，不要超过脚尖，保持身体平衡稳定。
- 跳跃过程中，膝和脚尖方向应保持一致向前。

主要参与部位

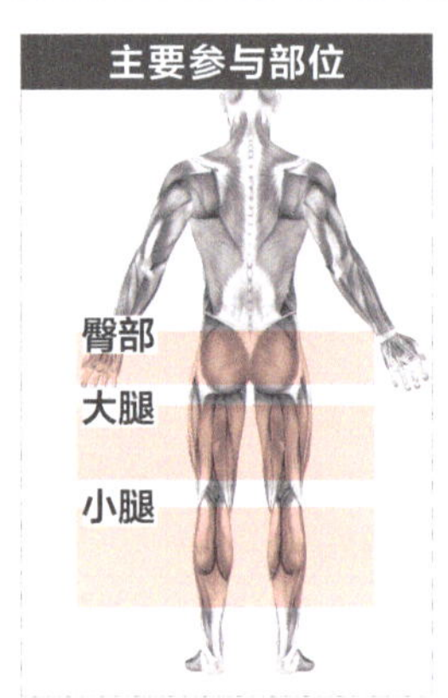

1. 并排间隔放置跳箱与栏架，直立站于跳箱边缘，侧向栏架站立，距栏架远的腿支撑身体，另一侧腿悬空，双臂自然下垂。

2. 重心向栏架侧移动，自然下落到跳箱与栏架之间，屈髋屈膝单脚落地的同时双臂下摆至髋部两侧。

肌肉图解析

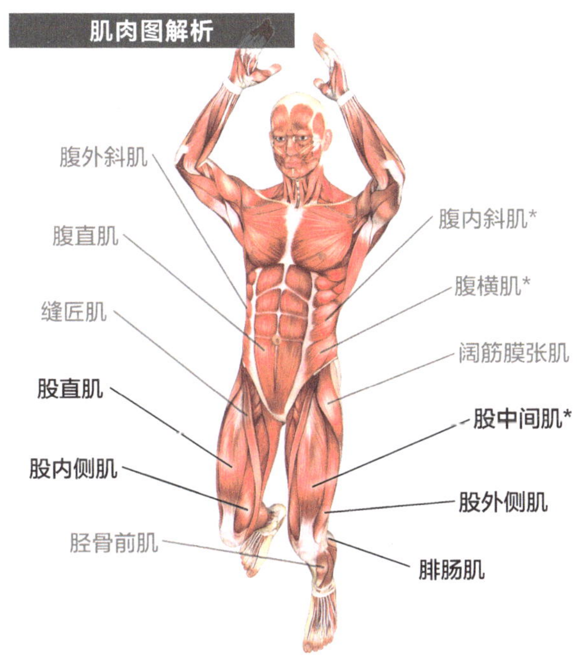

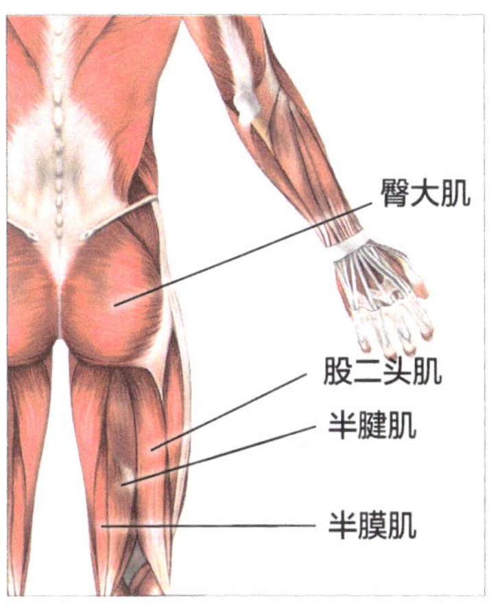

3 双臂快速向上摆起，带动身体快速伸髋伸膝，单脚蹬离地面，向侧面跳过栏架。

4 屈髋屈膝缓冲的同时双臂下摆至髋部两侧，起跳脚落地，保持该姿势1～2秒。回到起始姿势，重复规定次数。换另一侧腿起跳重复相同的步骤。

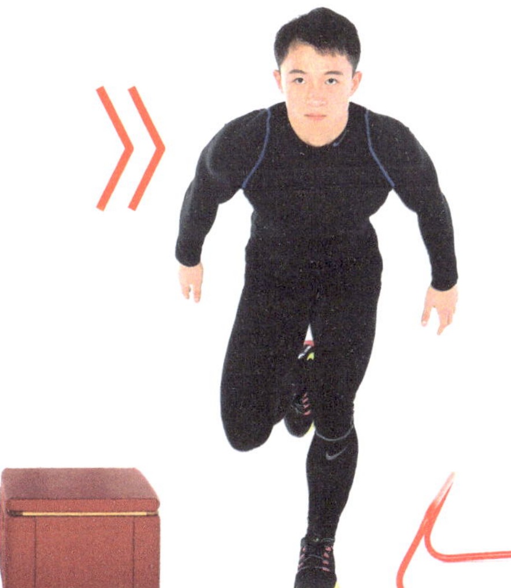

跳箱-栏架-双接触式-单脚跳-横向-同侧

扫描二维码
看动作视频

难度等级	中级
辅助器械	跳箱、栏架

要点提示

- 起跳时，先用力向下摆臂后迅速随身体向上摆臂，辅助发力。
- 腾空时，核心收紧，腰背挺直，体会躯干发力，控制整个身体。
- 落到跳箱上时，膝关节不要内扣，不要超过脚尖，保持身体平衡稳定。
- 跳跃过程中，膝和脚尖方向应保持一致向前。

主要参与部位

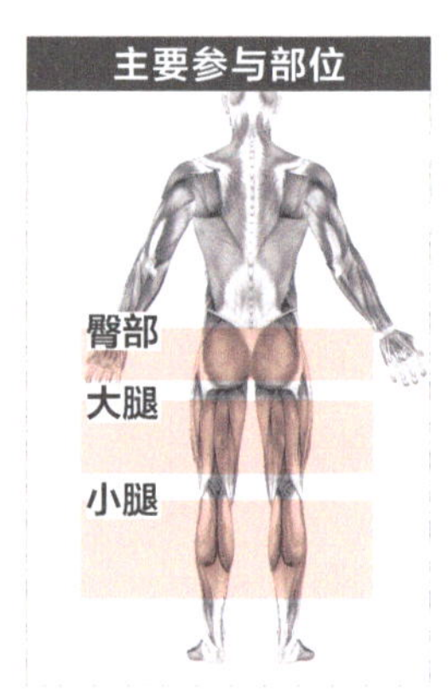

1. 并排间隔放置跳箱与栏架，直立站于跳箱边缘，侧向栏架站立，距栏架近的腿支撑身体，另一侧腿向后屈曲至小腿与地面平行，双臂自然下垂。

2. 重心向栏架侧移动，身体自然下落到跳箱与栏架之间，屈髋屈膝单脚落地的同时双臂下摆至髋部两侧。

肌肉图解析

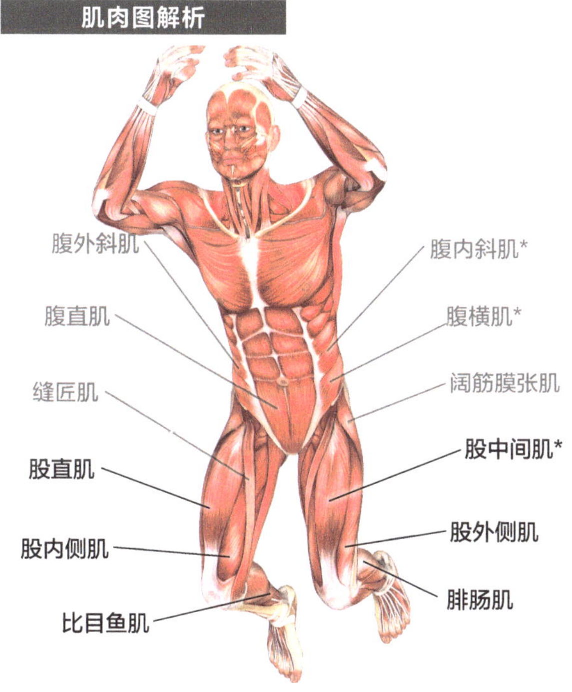

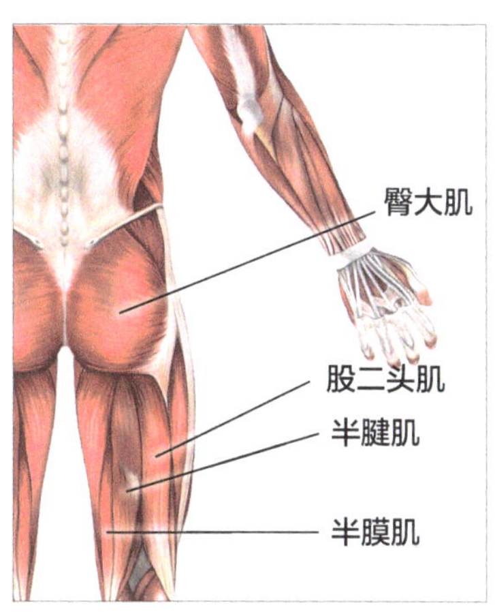

3 双臂快速向上摆起，带动身体快速伸髋伸膝，单脚蹬离地面，向侧面跳过栏架。

4 屈髋屈膝缓冲的同时双臂下摆至髋部两侧，起跳脚落地，保持该姿势1～2秒。回到起始姿势，重复规定次数。换另一侧腿起跳重复相同的步骤。

3.3.3
单脚跳-旋转

栏架-无反向式-单脚跳-旋转-异侧90度

扫描二维码
看动作视频

难度等级 高级

辅助器械 栏架

要点提示

- 起跳时，用力向上摆臂，辅助发力，通过躯干使身体旋转。
- 腾空时，核心收紧，腰背挺直，体会躯干发力，控制整个身体。
- 落地时，膝关节不要内扣，不要超过脚尖，保持身体平衡稳定。
- 跳跃过程中，膝和脚尖方向应保持一致向前。

主要参与部位

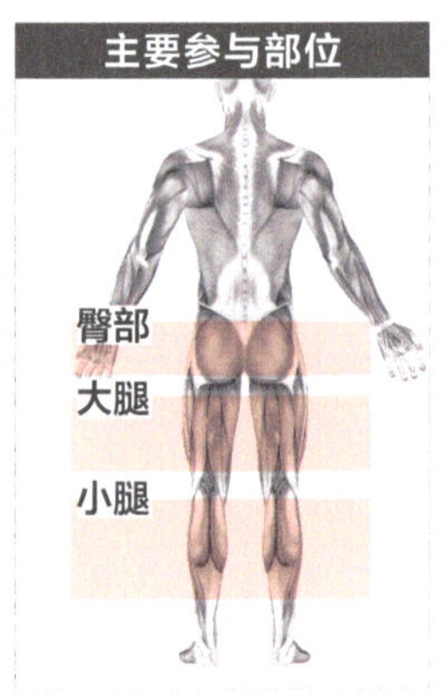

❶ 屈髋屈膝侧向栏架单腿站立，距栏架近的腿向后屈曲抬离地面，双臂微屈收于髋部两侧。

❷ 双臂快速向上摆起，带动身体快速伸髋伸膝，单脚蹬离地面，向上向栏架一侧旋转90度，跳过栏架。

90度

肌肉图解析

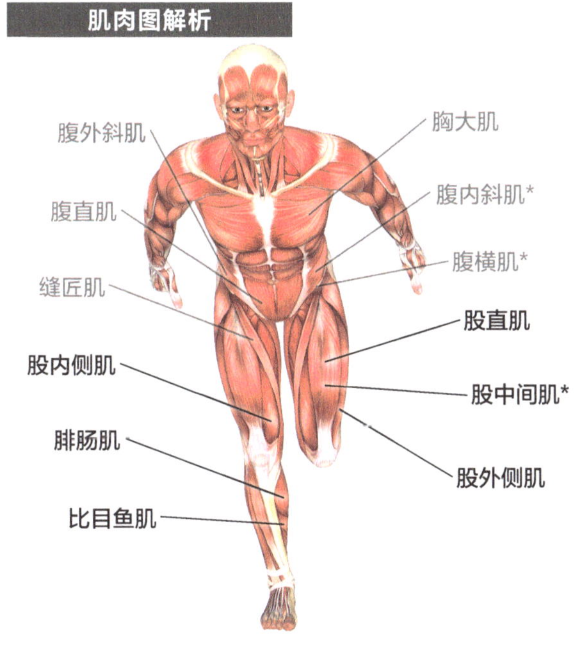

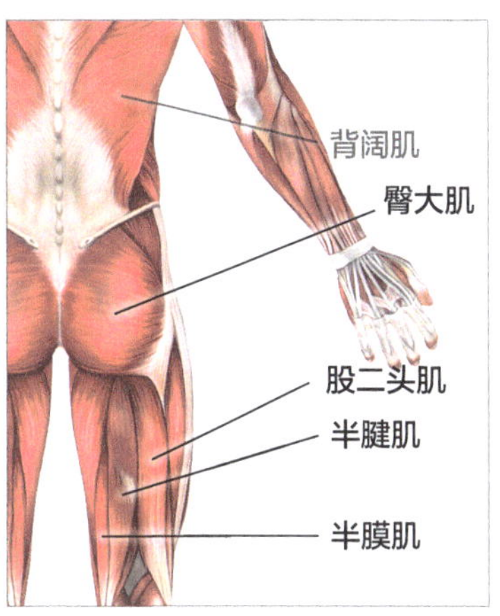

3 屈髋屈膝缓冲的同时双臂下摆至髋部两侧，起跳脚落地，保持该姿势1～2秒。回到起始姿势，重复规定次数。换另一侧腿起跳重复相同的步骤。

栏架-无反向式-单脚跳-旋转-同侧90度

扫描二维码
看动作视频

难度等级	高级
辅助器械	栏架

要点提示

- 起跳时，用力向上摆臂，辅助发力，并通过躯干使身体旋转。
- 腾空时，核心收紧，腰背挺直，体会躯干发力，控制整个身体。
- 落地时，膝关节不要内扣，不要超过脚尖，保持身体平衡稳定。
- 跳跃过程中，膝和脚尖方向应保持一致向前。

主要参与部位

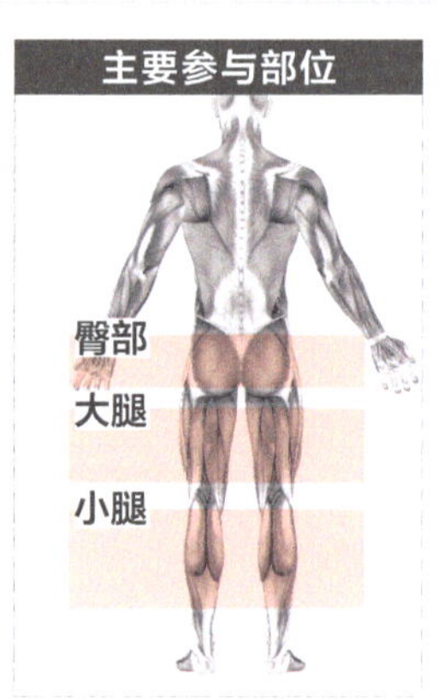

1 屈髋屈膝侧向栏架单腿站立，距栏架远的腿向后屈曲抬离地面，双臂微屈收于髋部两侧。

2 双臂快速向上摆起，带动身体快速伸髋伸膝，单脚蹬离地面，向上并向栏架一侧旋转90度，跳过栏架。

肌肉图解析

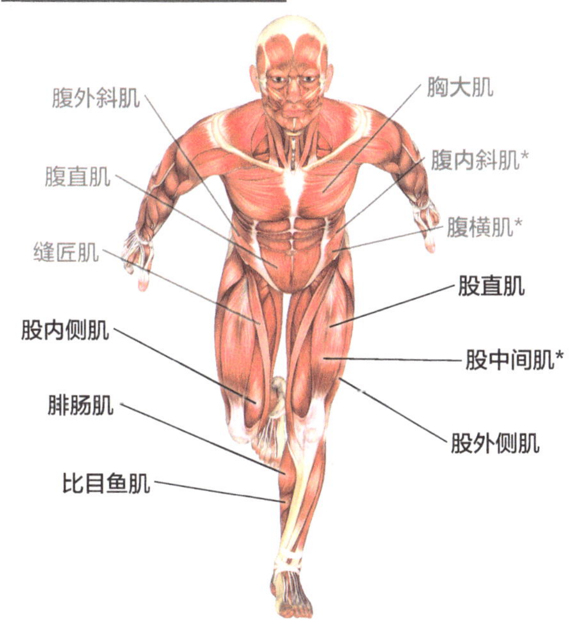

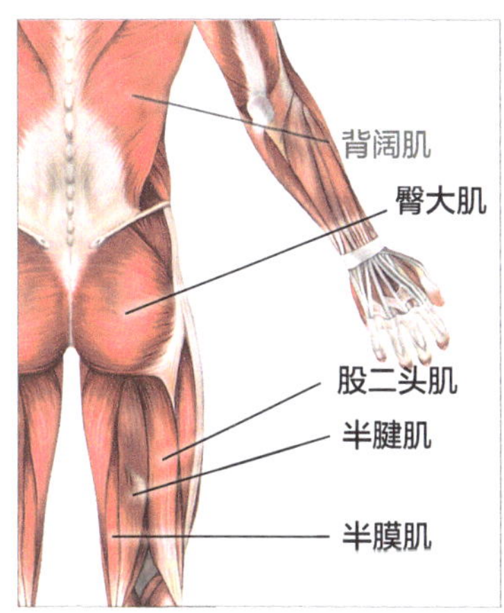

3 屈髋屈膝缓冲的同时双臂下摆至髋部两侧，起跳脚落地，保持该姿势1～2秒。回到起始姿势，重复规定次数。换另一侧腿起跳重复相同的步骤。

栏架-有反向式-单脚跳-旋转-异侧90度

扫描二维码
看动作视频

难度等级	高级
辅助器械	栏架

要点提示

- 起跳时，先用力向下摆臂后迅速随身体向上摆臂，辅助发力。
- 腾空时，核心收紧，腰背挺直，体会躯干发力，控制整个身体。
- 落地时，膝关节不要内扣，不要超过脚尖，保持身体平衡稳定。
- 跳跃过程中，膝和脚尖方向应保持一致向前。

主要参与部位

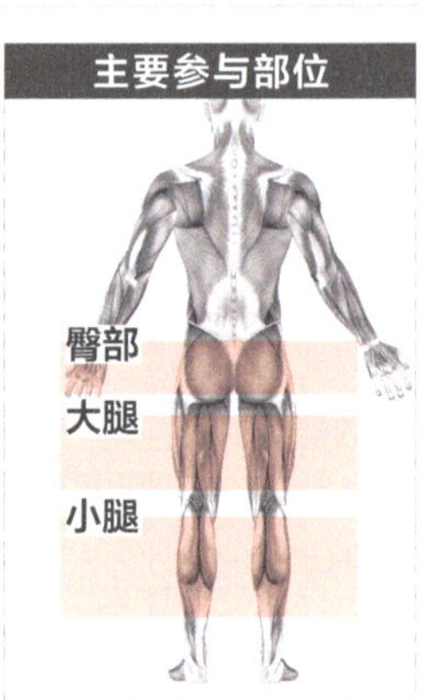

1. 身体侧向栏架单腿站立，距栏架近的腿向后屈曲抬离地面，双臂向上伸直举过头顶。

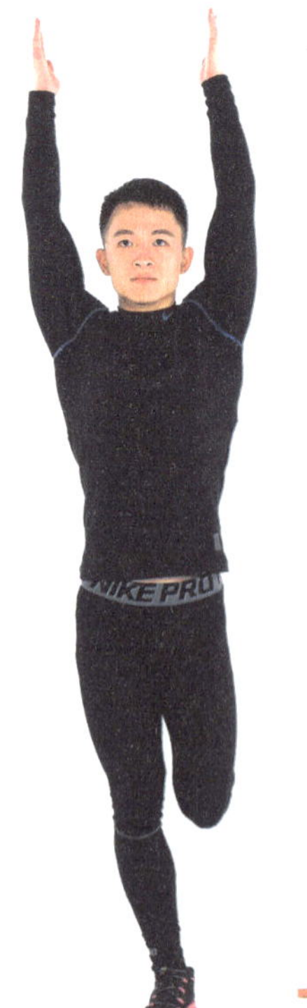

2. 屈髋屈膝的同时双臂快速向下摆动至髋部两侧。

肌肉图解析

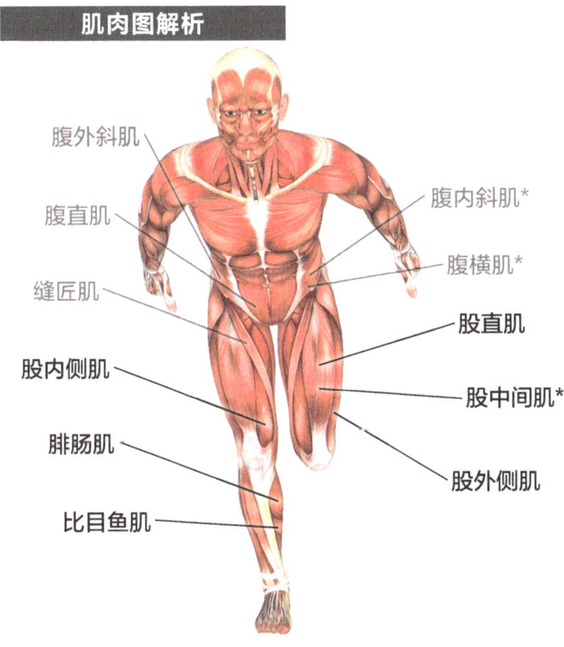

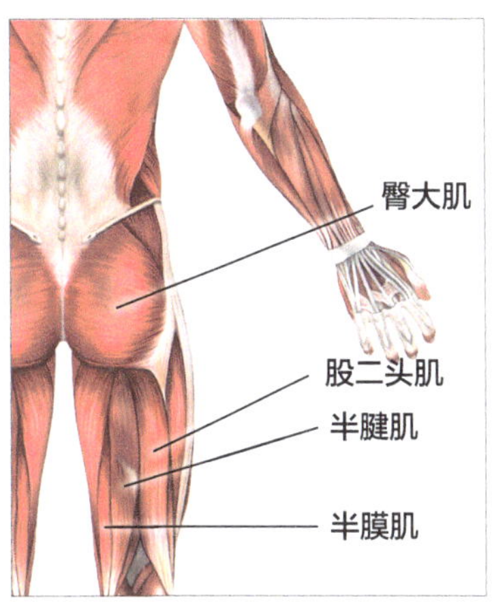

90度

❸ 双臂快速向上摆起，带动身体快速伸髋伸膝，单脚蹬离地面，使身体向上并向栏架一侧旋转90度跳过栏架。

❹ 屈髋屈膝缓冲的同时双臂下摆至髋部两侧，起跳脚落地，保持该姿势1～2秒。回到起始姿势，重复规定次数。换另一侧腿起跳重复相同的步骤。

栏架-有反向式-单脚跳-旋转-同侧90度

扫描二维码
看动作视频

难度等级	高级
辅助器械	栏架

要点提示

- 起跳时，先用力向下摆臂后迅速随身体向上摆臂，辅助发力。
- 腾空时，核心收紧，腰背挺直，体会躯干发力，控制整个身体。
- 落地时，膝关节不要内扣，不要超过脚尖，保持身体平衡稳定。
- 跳跃过程中，膝和脚尖方向应保持一致向前。

主要参与部位

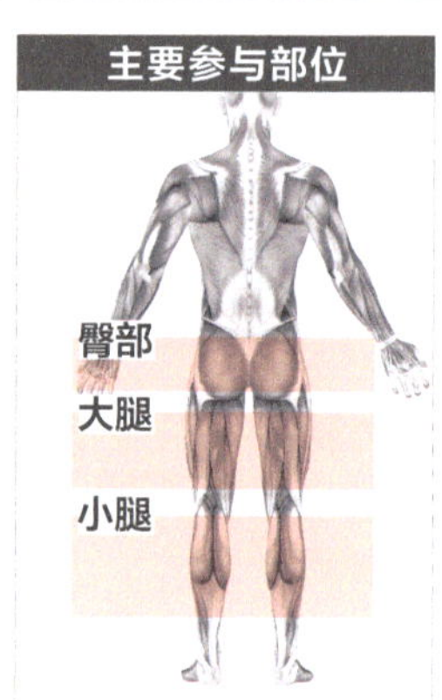

1 身体侧向栏架单腿站立，距栏架远的腿向后屈曲抬离地面，双臂向上伸直举过头顶。

2 屈髋屈膝的同时双臂快速向下摆动至髋部两侧。

肌肉图解析

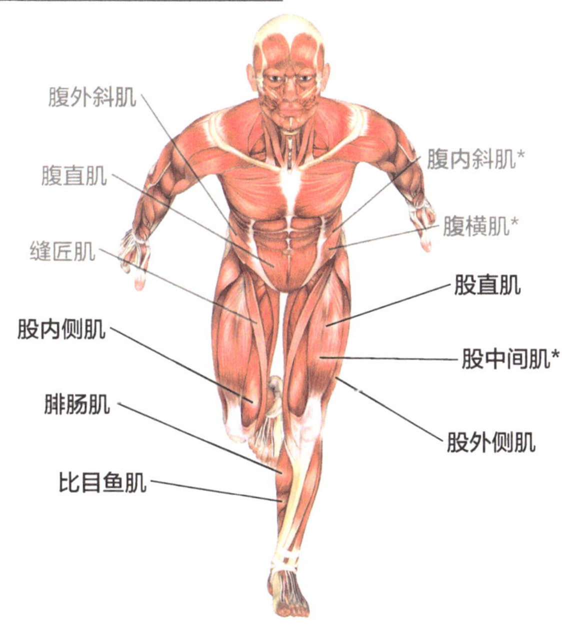

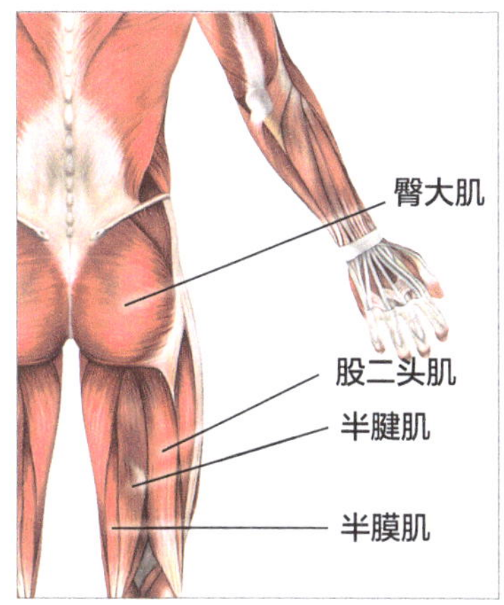

❸ 双臂快速向上摆起，带动身体快速伸髋伸膝，单脚蹬离地面，使身体向上并向栏架一侧旋转90度，跳过栏架。

❹ 屈髋屈膝缓冲的同时双臂下摆至髋部两侧，起跳脚落地，保持该姿势1～2秒。回到起始姿势，重复规定次数。换另一侧腿起跳重复相同的步骤。

90度

跳箱–栏架–双接触式–单脚跳–旋转–异侧90度

扫描二维码
看动作视频

难度等级 高级

辅助器械 跳箱、栏架

要点提示

- 第一次落地时，前脚掌支撑，脚后跟略微抬离地面，有利于再次快速起跳。
- 起跳时，用力向上摆臂，辅助发力，并通过躯干使身体旋转。
- 腾空时，核心收紧，腰背挺直，体会躯干发力，控制整个身体。
- 落地时，膝关节不要内扣，不要超过脚尖，保持身体平衡稳定。
- 跳跃过程中，膝和脚尖方向应保持一致向前。

主要参与部位

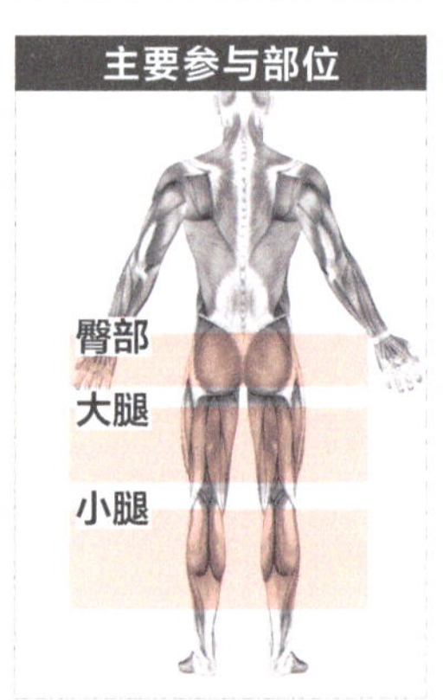

❶ 并排间隔放置跳箱与栏架，身体直立站于跳箱边缘，面向栏架，一侧腿支撑身体，另一侧腿悬空，双臂自然下垂。

❷ 重心前移，自然下落到跳箱与栏架之间，屈髋屈膝缓冲单脚落地的同时双臂下摆至髋部两侧。

肌肉图解析

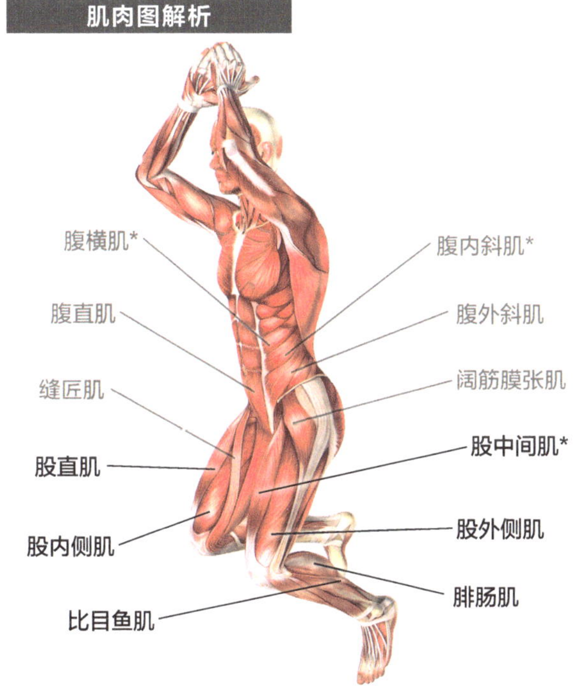

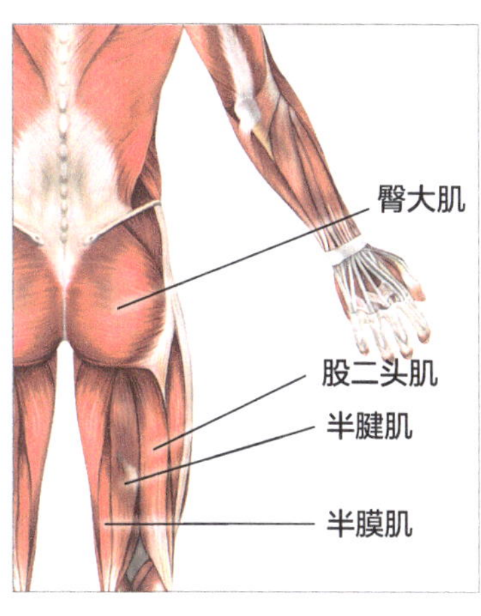

3. 落地瞬间双臂快速向上摆起，带动身体快速伸髋伸膝，单脚蹬离地面，向支撑腿一侧旋转90度，跳过栏架。

4. 屈髋屈膝缓冲的同时双臂下摆至髋部两侧，起跳脚落地，保持该姿势1～2秒。回到起始姿势，重复规定次数。换另一侧腿起跳重复相同的步骤。

跳箱-栏架-双接触式-单脚跳-旋转-同侧90度

扫描二维码
看动作视频

难度等级	高级
辅助器械	跳箱、栏架

要点提示

- 第一次落地时，前脚掌支撑，脚后跟略微抬离地面，有利于再次快速起跳。
- 起跳时，用力向上摆臂，辅助发力，并通过躯干使身体旋转。
- 腾空时，核心收紧，腰背挺直，体会躯干发力，控制整个身体。
- 落地时，膝关节不要内扣，不要超过脚尖，保持身体平衡稳定。
- 跳跃过程中，膝和脚尖方向应保持一致向前。

主要参与部位

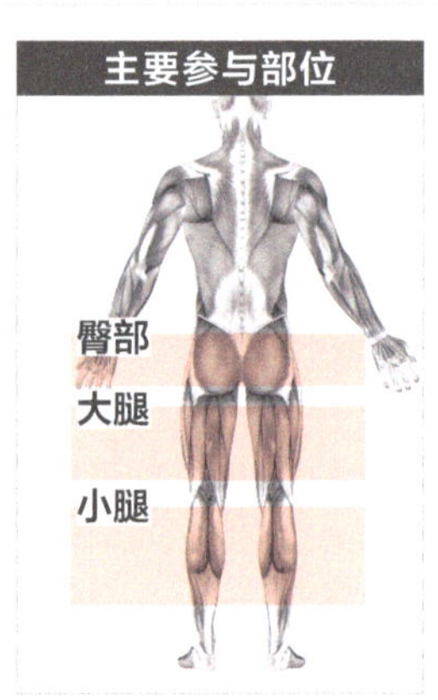

1. 并排间隔放置跳箱与栏架，身体直立站于跳箱边缘，面向栏架，一侧腿支撑身体，另一侧腿悬空，双臂自然下垂。

2. 重心前移，自然下落到跳箱与栏架之间，屈髋屈膝缓冲单脚落地的同时双臂下摆至髋部两侧。

肌肉图解析

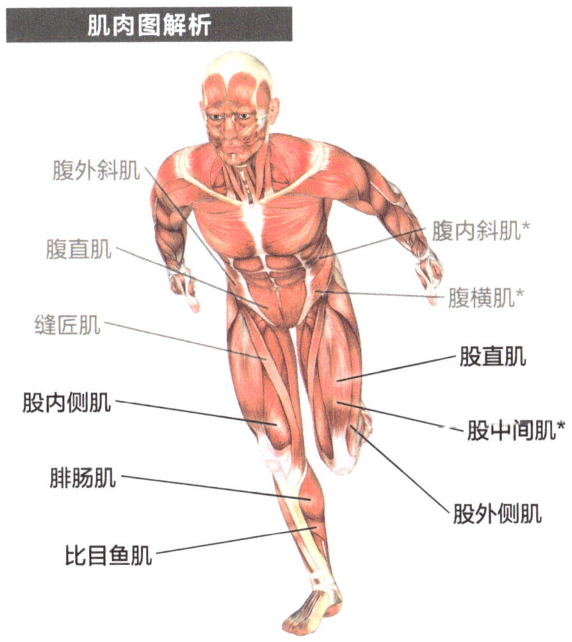

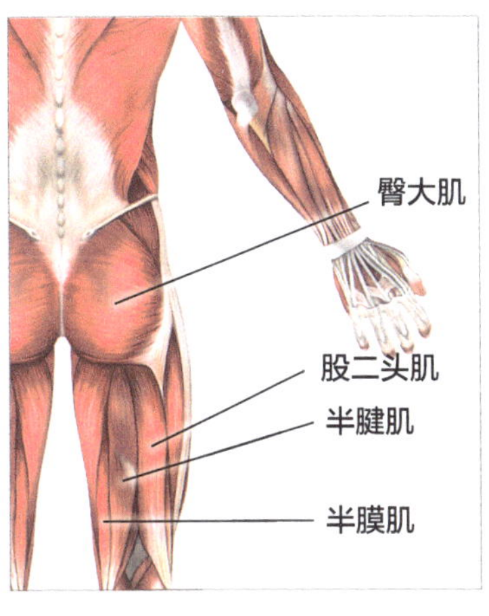

❸ 落地瞬间，双臂快速向上摆起，带动身体快速伸髋伸膝，单脚蹬离地面，使身体向上并向悬空腿一侧旋转90度，跳过栏架。

❹ 屈髋屈膝缓冲的同时双臂下摆至髋部两侧，起跳脚落地保持该姿势1～2秒。回到起始姿势，重复规定次数。换另一侧腿起跳重复相同的步骤。

第 4 章

上肢与躯干快速伸缩复合训练

无论是在竞技体育领域还是在大众健身领域，药球训练已成为提高身体素质、运动表现的一种常用的训练方式。传统意义上，药球训练分为两类。一类是基础式训练，主要用于发展一般力量素质和心肺系统，在青少年训练和私教训练中，教练可将其作为教授基本动作的适当手段，同时可以有效地改善身体成分。另一类是强化式训练，主要是指在释放药球之前或在释放药球时进行快速伸缩复合训练。这类训练的内容包括将各种类型的药球进行爆发性抛掷，同时在不同基本姿势的基础上进行高阈值的功率输出。这对于中等水平以上的健身爱好者以及竞技运动员发展动态力量会有较大的帮助。

药球有多种类型，可分为单耳药球、双耳药球、弹力绳索药球、非弹力带绳索药球、软式药球、硬式药球等。药球由 70% 的再生材料制成，有的用皮革包裹，有的采用橡胶外壳。药球主要强调耐用性，以承受高冲击性的训练。药球重量也有多种规格，有的以磅作为计量单位，有的以千克作为计量单位，通常药球的重量为 1 ~ 10 千克。在上肢与躯干快速伸缩复合训练中，通常会采用 2 ~ 5 千克的药球，较轻的药球可以用于练习快速投掷，而较重的药球可以用于增强爆发力和提高最大动态力量。因为药球训练的关键在于速率而不是重量，所以药球过重对动态力量的发展没有太大益处。一般情况下，人们在进行抛接球训练时更喜欢选择直径大一些的药球。有些练习者会用橡胶制成的弹性药球向墙面抛去，进行反弹性抛掷训练。有些练习者更喜欢弹性较小的非弹性药球，因为如果药球的重量和弹性都比较大，练习者会很难驾驭它。

用药球进行上肢与躯干快速伸缩复合训练时，可以采取和下肢快速伸缩复合训练一样的方法，即在抛掷前进行单纯的肌肉向心收缩，然后利用拉长 – 缩短周期完成反向动作。在这两个过程中，药球的重量都会对肌肉离心动作和向心动作构成负荷。对旋转抛掷动作而言，蓄力或实施反向动作会对躯干和肩部预先施压，这样有助于提高练习者上半身的动态力量。

4.1 推球

4.1.1 胸前推球-面向墙壁

药球-跪姿-胸前推球

扫描二维码
看动作视频

难度等级 初级

辅助器械 药球、平衡垫

要点提示

- 全程保持核心收紧，躯干挺直，并将臀部肌肉收紧。
- 推球时，身体尽可能不要晃动。

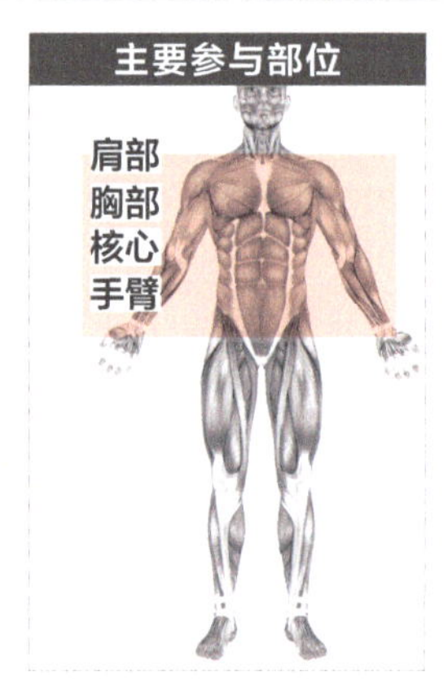

注意事项

有上肢关节疼痛或功能障碍等问题时，请谨慎练习。本章所有训练动作都应注意该问题。

1. 呈直立伸髋双膝跪姿，双膝分开约与肩同宽，大腿约与地面垂直，核心收紧，双手持药球置于胸前。

肌肉图解析

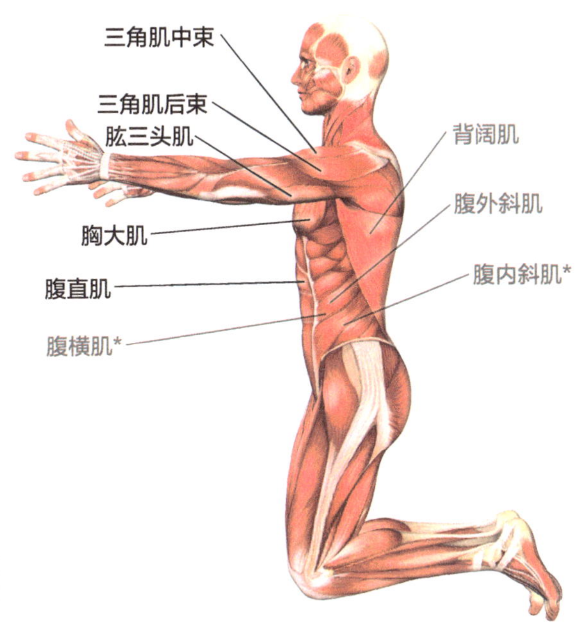

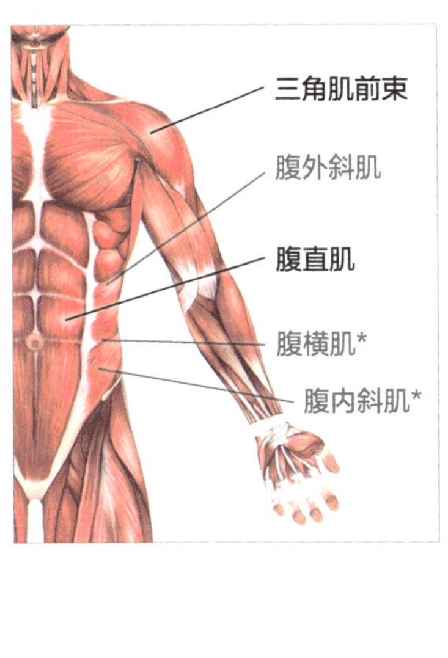

2 保持躯干挺直，双臂以最快速度将药球向前推出。回到起始姿势，重复规定次数。

药球-半跪姿-胸前推球

扫描二维码
看动作视频

难度等级	初级
辅助器械	药球、平衡垫

要点提示

- 全程保持核心收紧，躯干挺直，并将臀部肌肉收紧。
- 推球时，身体尽可能不要晃动。

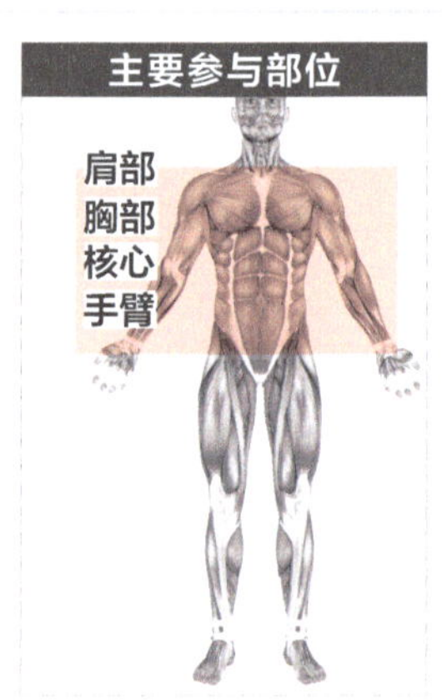

1. 呈前后分腿单膝跪姿，前后腿膝关节约呈90度，核心收紧，双手持药球置于胸前。

肌肉图解析

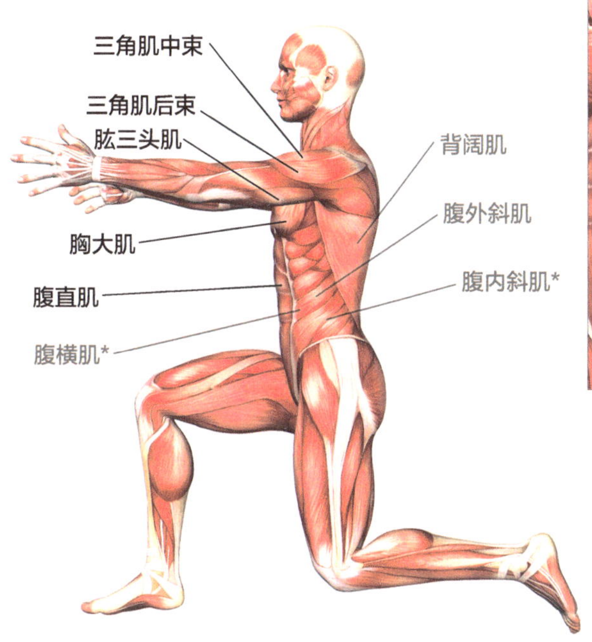

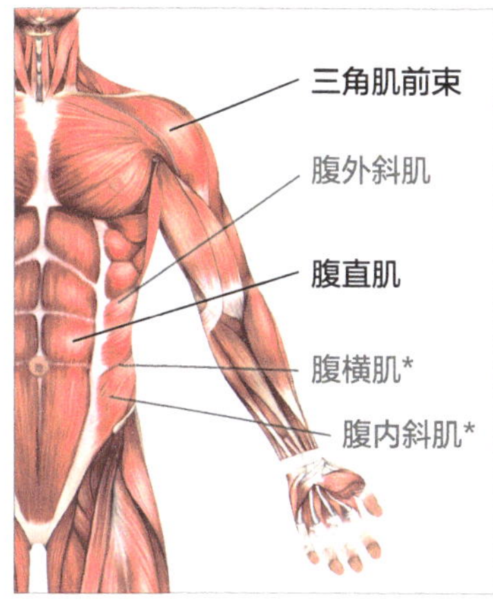

2 保持躯干挺直，双臂以最快速度将药球向前推出。回到起始姿势，重复规定次数。也可以换至对侧腿支撑，重复以上步骤。

药球–分腿姿–胸前推球

扫描二维码
看动作视频

难度等级	初级
辅助器械	药球

要点提示

- 全程保持核心收紧，躯干挺直，并将臀部肌肉收紧。
- 推球时，身体尽可能不要晃动。

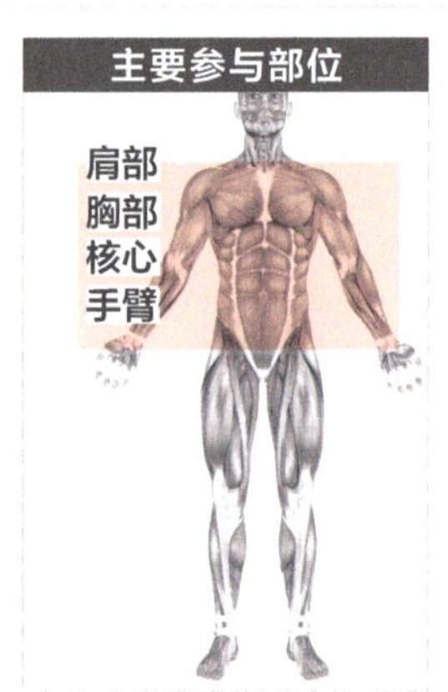

❶ 前后分腿开立，前腿屈膝，核心收紧，双手持药球置于胸前。

肌肉图解析

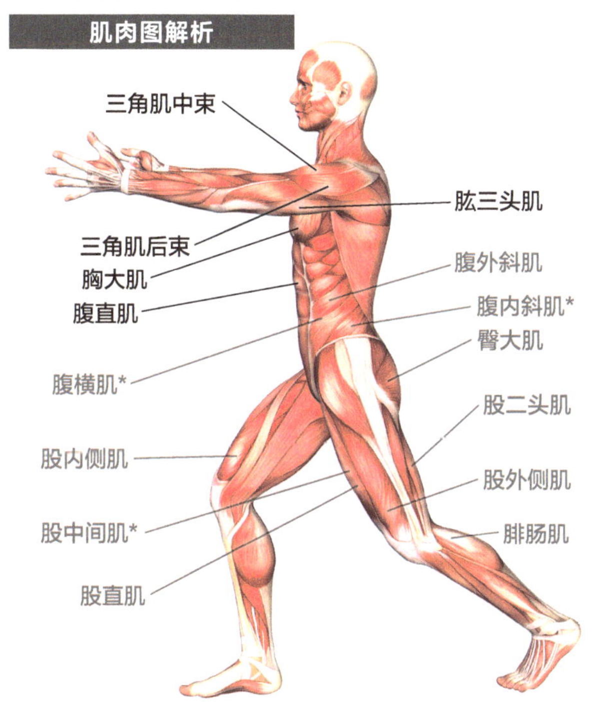

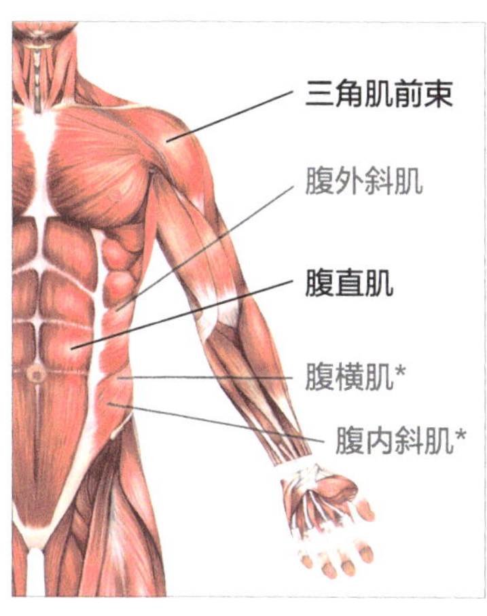

2 保持躯干挺直，双臂以最快速度将药球向前推出。回到起始姿势，重复规定次数。也可以换至对侧腿支撑，重复以上步骤。

药球-直立姿-胸前推球

扫描二维码
看动作视频

难度等级	初级
辅助器械	药球

要点提示

- ◆ 全程保持核心收紧，躯干挺直并将臀部肌肉收紧。
- ◆ 推球时，身体尽可能不要晃动。

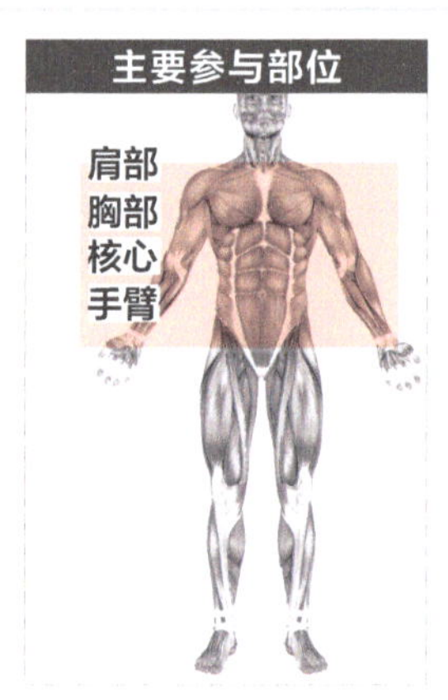

❶ 呈直立姿，双脚分开与肩同宽或略宽于肩，核心收紧，双手持药球置于胸前。

肌肉图解析

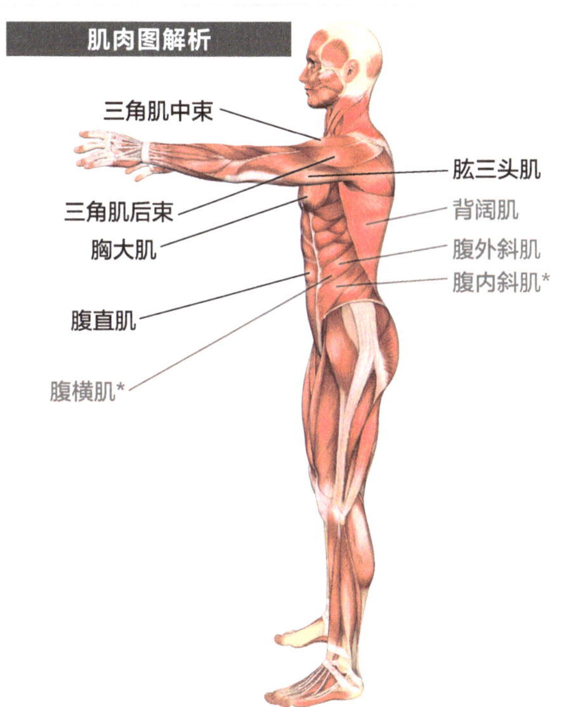

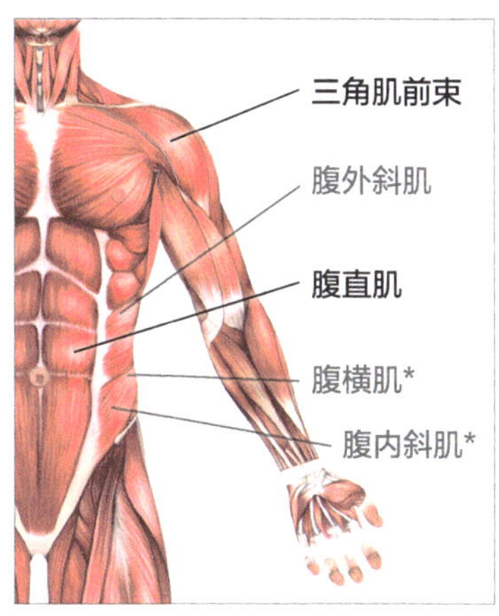

❷ 保持躯干挺直，双臂以最快速度将药球向前推出。回到起始姿势，重复规定次数。

药球-半蹲姿-胸前推球

扫描二维码
看动作视频

难度等级	初级
辅助器械	药球

要点提示

- 全程保持核心收紧，躯干挺直，骨盆始终处于中立位。
- 推球时，身体尽可能不要晃动。

主要参与部位

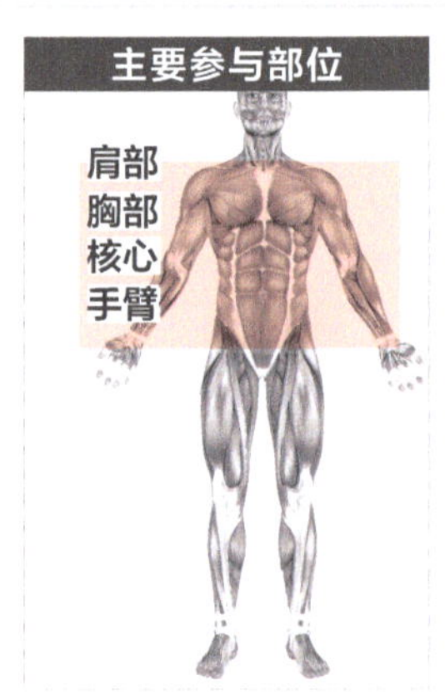

1. 呈半蹲姿，双脚分开与肩同宽或略宽于肩，大腿与地面呈45度角，核心收紧躯干略微前倾，双手持药球置于胸前。

肌肉图解析

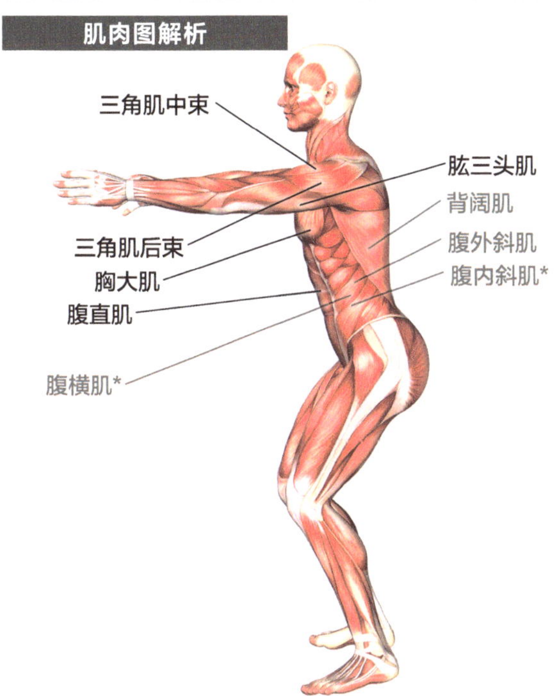

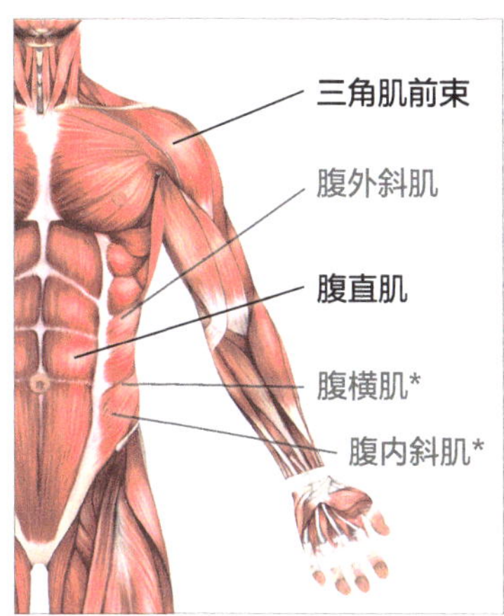

② 保持躯干挺直，双臂以最快速度将药球向前推出。回到起始姿势，重复规定次数。

药球-单腿军步-胸前推球

扫描二维码
看动作视频

难度等级	中级
辅助器械	药球

要点提示

◆ 全程保持核心收紧，躯干挺直，并将臀部肌肉收紧。

◆ 推球时，身体尽可能不要晃动。

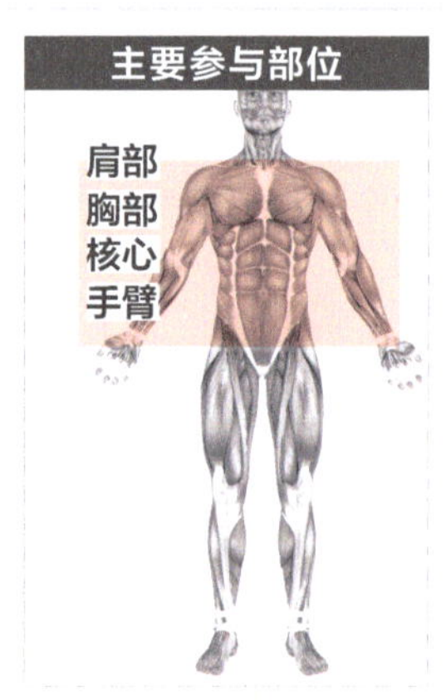

❶ 呈单腿站姿，一侧腿伸直支撑，另一侧腿屈髋屈膝90度，核心收紧，双手持药球置于胸前。

肌肉图解析

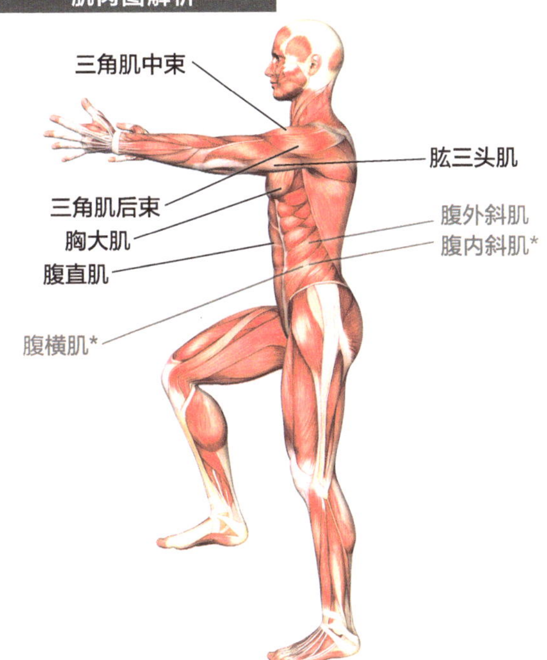

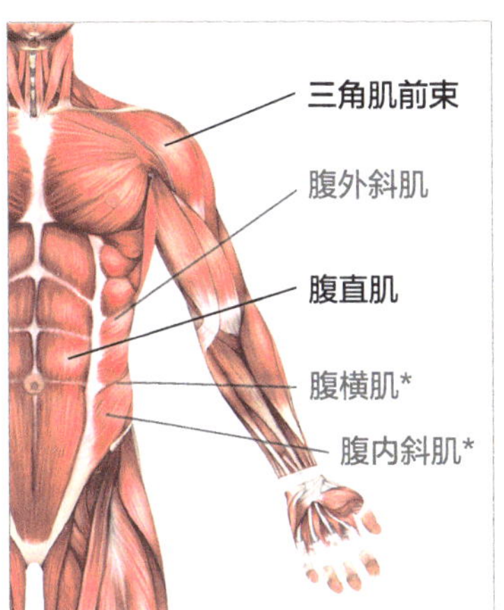

❷ 保持躯干挺直，双臂以最快速度将药球向前推出。回到起始姿势，重复规定次数。也可以换至对侧腿支撑，重复以上步骤。

4.1.2 胸前推球-仰卧姿 药球-仰卧-胸前推接球

扫描二维码
看动作视频

难度等级	初级
辅助器械	药球、跳箱、瑜伽垫

要点提示

- 在动作过程中，练习者及其搭档注意力应全程集中。
- 练习者接球后应尽可能快地将药球向上推起。

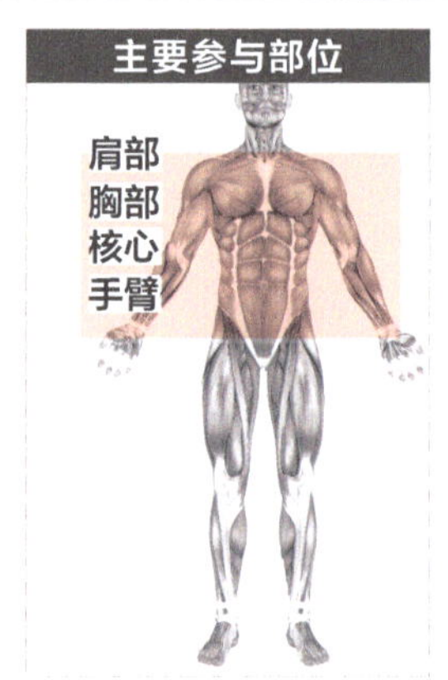

❶ 练习者平躺于垫上，双臂于胸前向上伸直，保持接球姿势。搭档立于练习者头部上方，保证一定的高度，双手持药球置于身前，做下抛药球的准备。

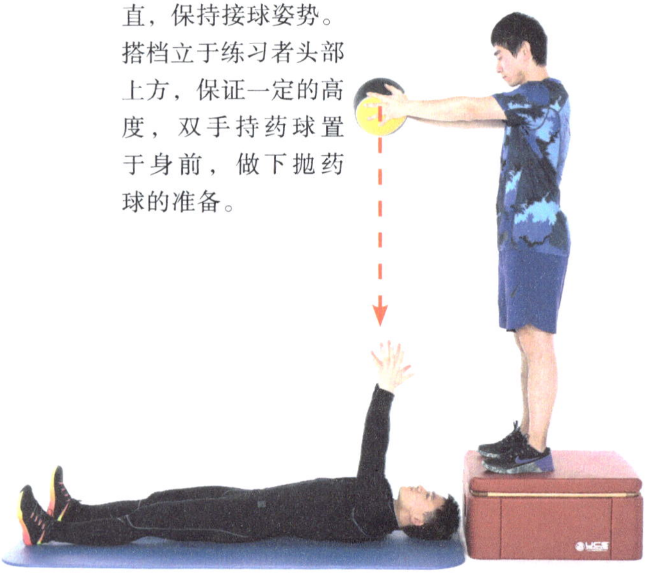

❷ 搭档将药球向下抛给练习者，练习者双手接球。

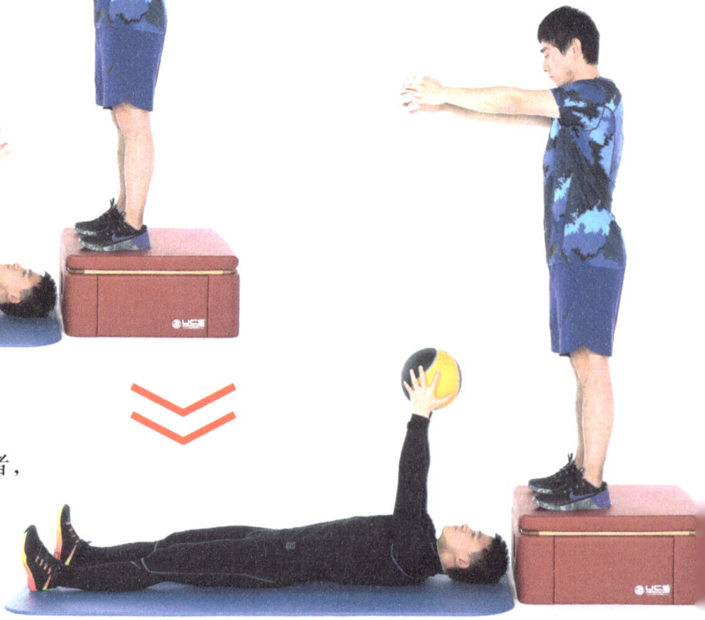

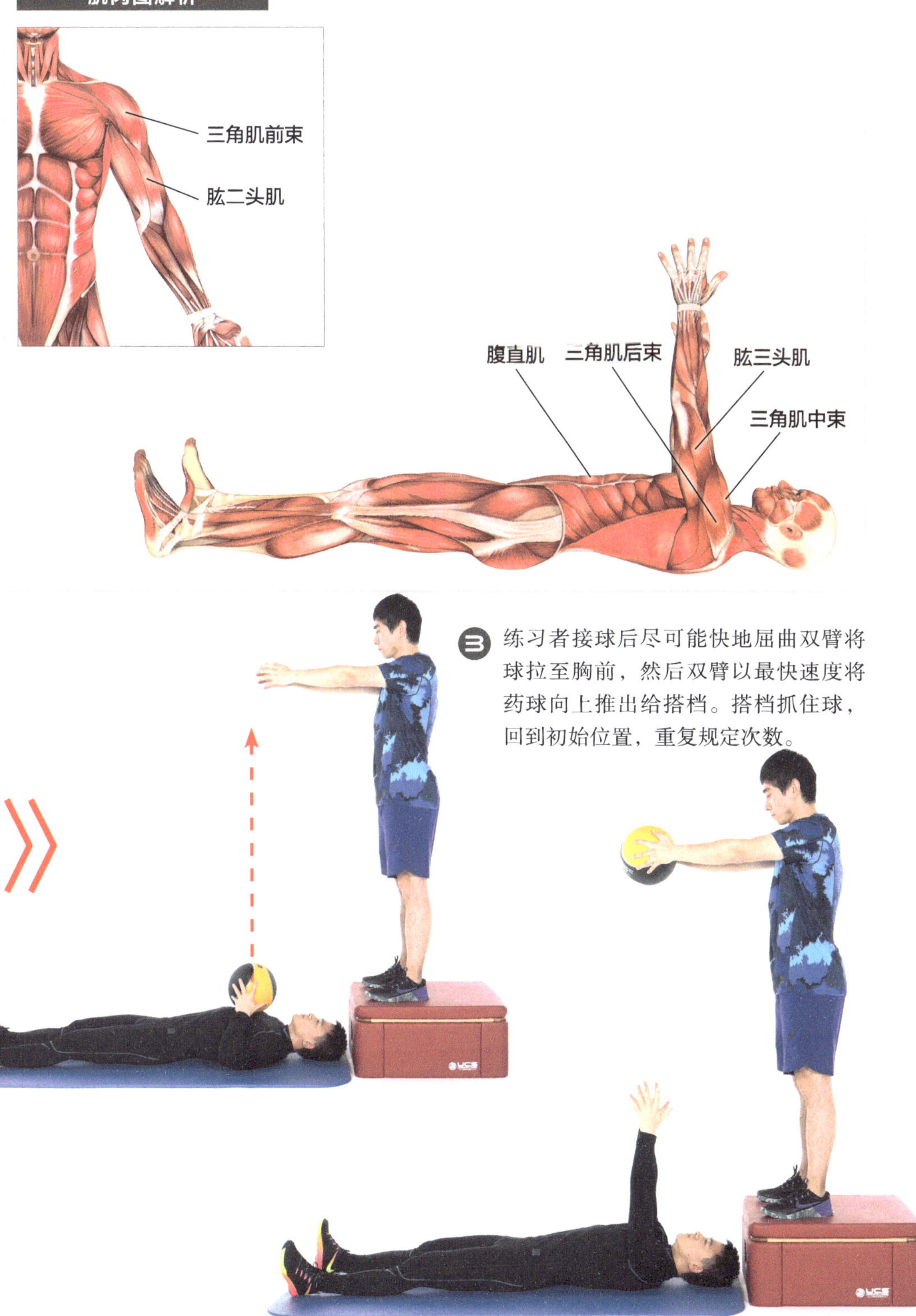

3 练习者接球后尽可能快地屈曲双臂将球拉至胸前，然后双臂以最快速度将药球向上推出给搭档。搭档抓住球，回到初始位置，重复规定次数。

4.2 扔球

4.2.1 过顶扔球　药球-跪姿-过顶扔球

扫描二维码
看动作视频

难度等级	初级
辅助器械	药球、平衡垫

要点提示

- 全程保持核心收紧，躯干挺直，并将臂部肌肉收紧。
- 扔球时，身体尽可能不要晃动。

主要参与部位

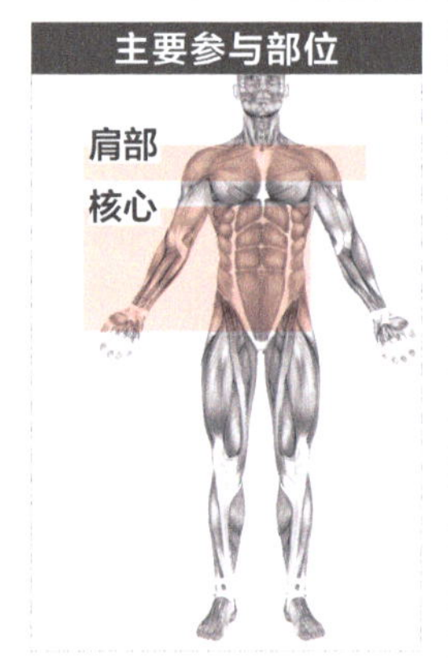

1. 呈直立伸髋双膝跪姿，双腿分开约与肩同宽，大腿约与地面垂直，核心收紧，双手持药球置于胸前。

2. 保持躯干挺直，双臂用力快速向上将药球举过头顶并置于头后。

肌肉图解析

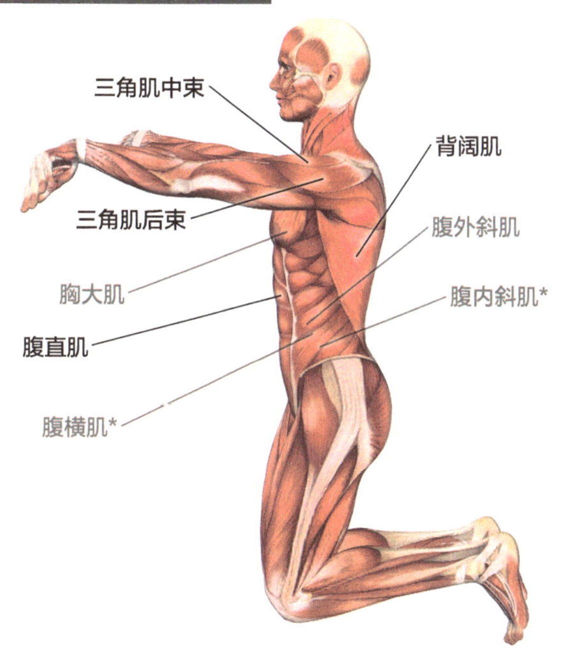

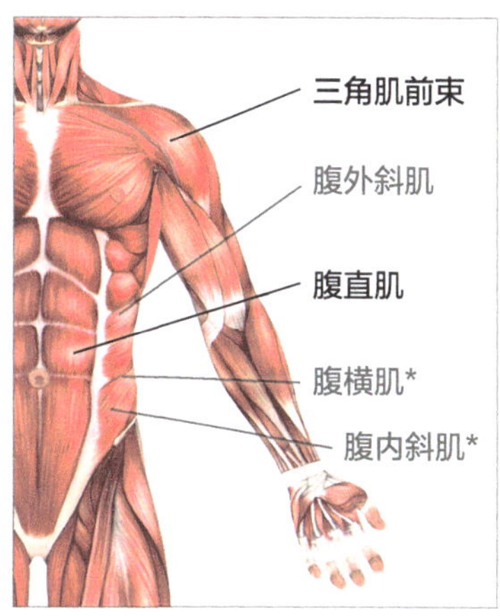

双臂以最快速度将药球向前抛出。回到起始姿势，重复规定次数。

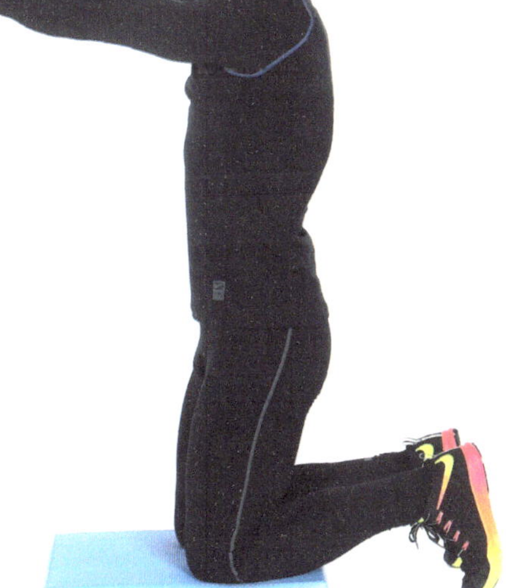

药球-半跪姿-过顶扔球

扫描二维码
看动作视频

难度等级	初级
辅助器械	药球、平衡垫

要点提示

- 全程保持核心收紧，躯干挺直，并将臀部肌肉收紧。
- 扔球时，身体尽可能不要晃动。

主要参与部位

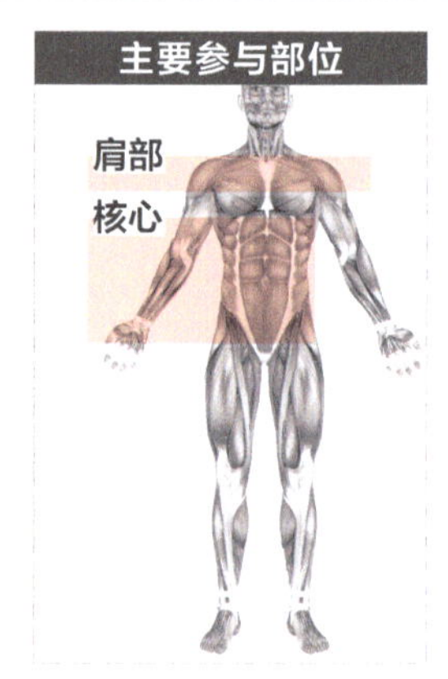

1. 呈前后分腿单膝跪姿，前后腿膝关节约呈90度，核心收紧，双手持药球置于胸前。
2. 保持躯干挺直，双臂用力快速向上将药球举过头顶并置于头后。

肌肉图解析

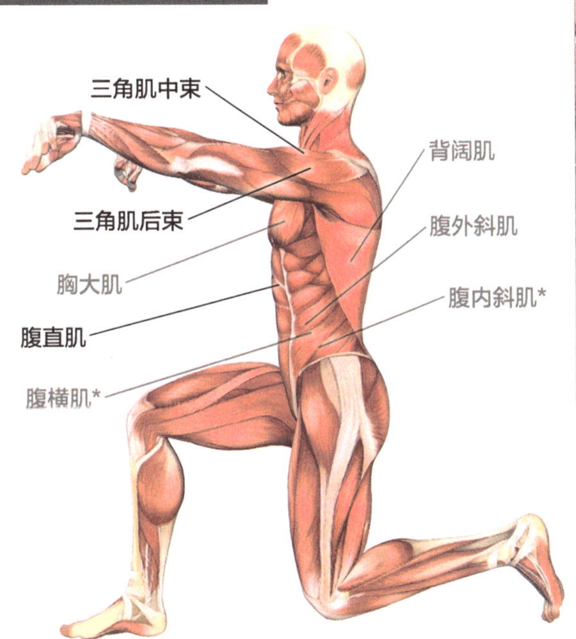

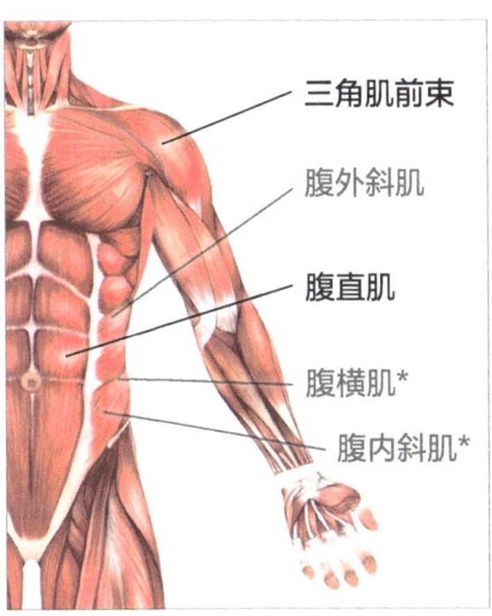

3 双臂以最快速度将药球向前抛出。回到起始姿势，重复规定次数。也可以换至对侧重复以上步骤。

药球-分腿姿-过顶扔球

扫描二维码
看动作视频

难度等级 初级

辅助器械 药球

要点提示

- 全程保持核心收紧，躯干挺直，并将臀部肌肉收紧。
- 扔球时，身体尽可能不要晃动。

主要参与部位

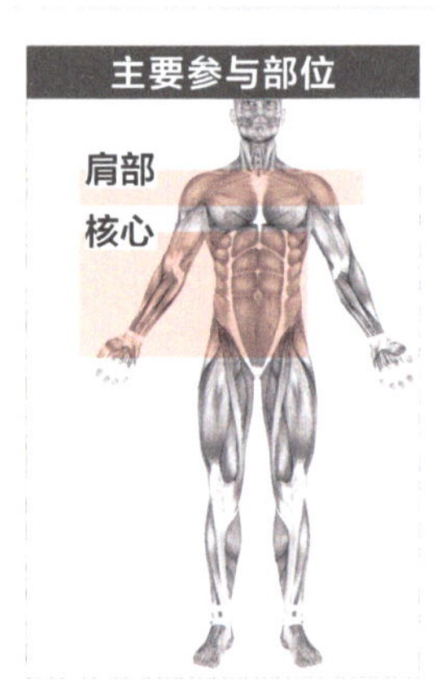

❶ 前后分腿开立，前腿屈膝，核心收紧，双手持药球置于胸前。

❷ 保持躯干挺直，双臂用力快速向上将药球举过头顶并置于头后。

肌肉图解析

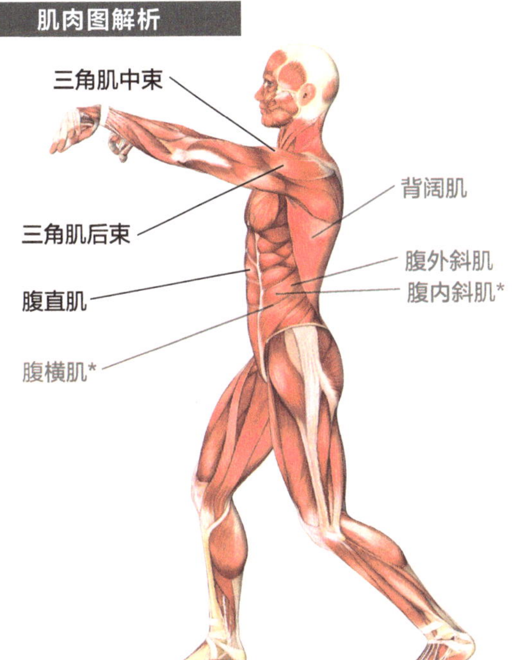

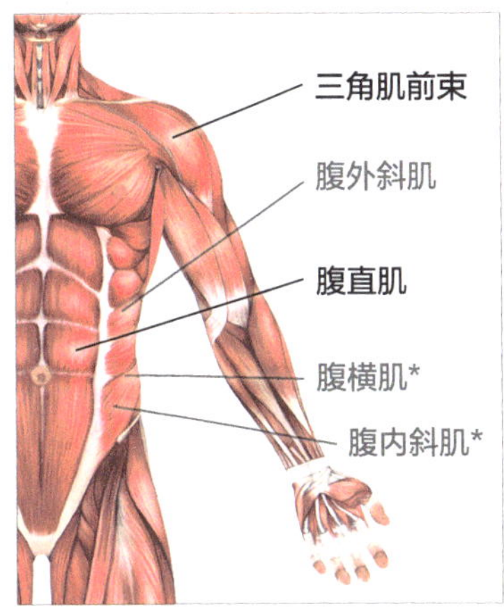

③ 双臂以最快速度将药球向前抛出。回到起始姿势，重复规定次数。也可以换至对侧重复以上步骤。

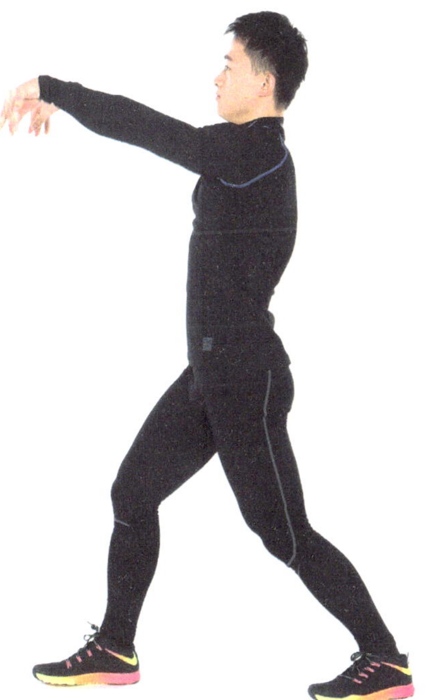

药球–直立姿–过顶扔球

扫描二维码
看动作视频

难度等级	初级
辅助器械	药球

要点提示

- 全程保持核心收紧，躯干挺直并将臀部肌肉收紧。
- 扔球时，身体尽可能不要晃动。

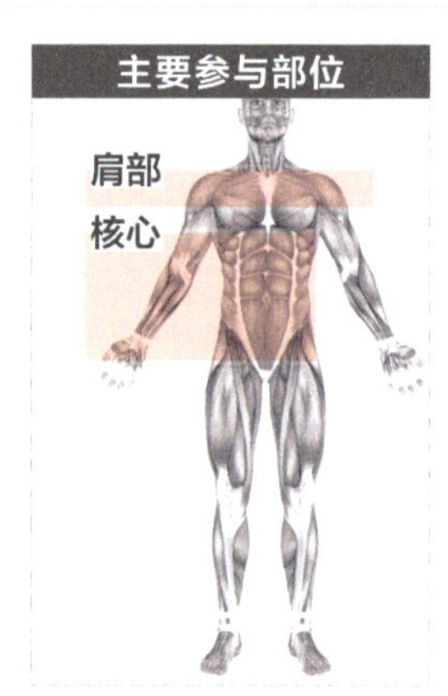

❶ 呈直立姿，双脚分开与肩同宽或略宽于肩，核心收紧，双手持药球置于胸前。

❷ 保持躯干挺直，双臂用力快速向上将药球举过头顶并置于头后。

肌肉图解析

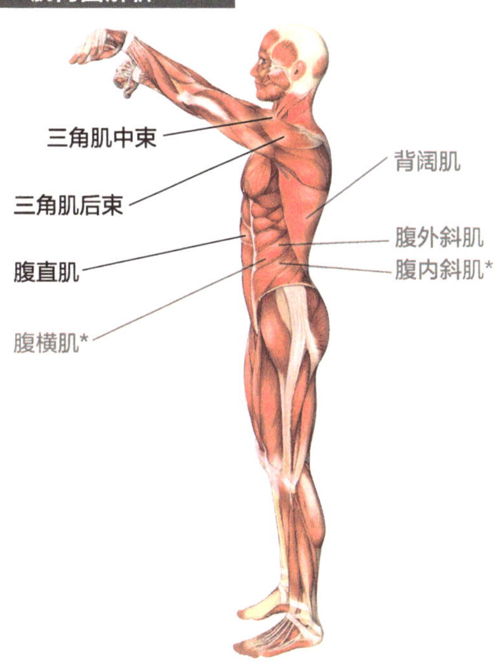

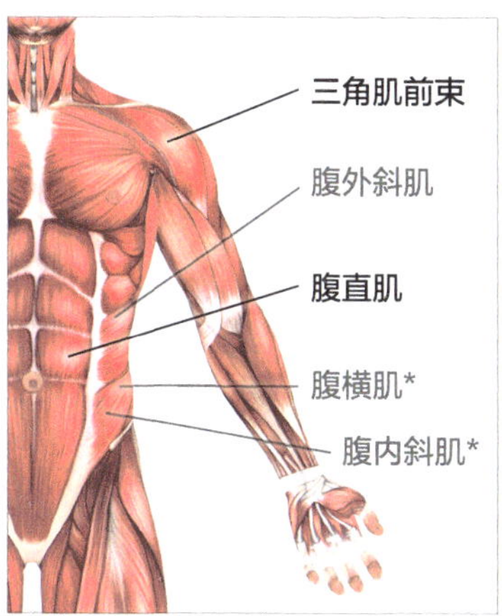

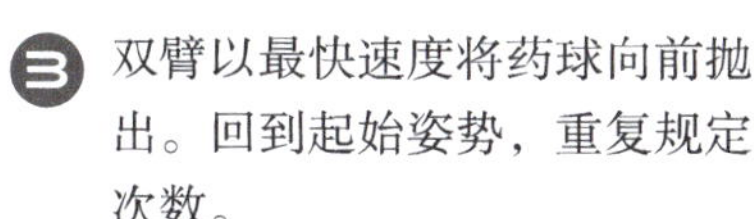

3 双臂以最快速度将药球向前抛出。回到起始姿势，重复规定次数。

药球–半蹲姿–过顶扔球

扫描二维码
看动作视频

难度等级	初级
辅助器械	药球

要点提示

- 全程保持核心收紧，躯干挺直，骨盆始终处于中立位。
- 扔球时，身体尽可能不要晃动。

主要参与部位

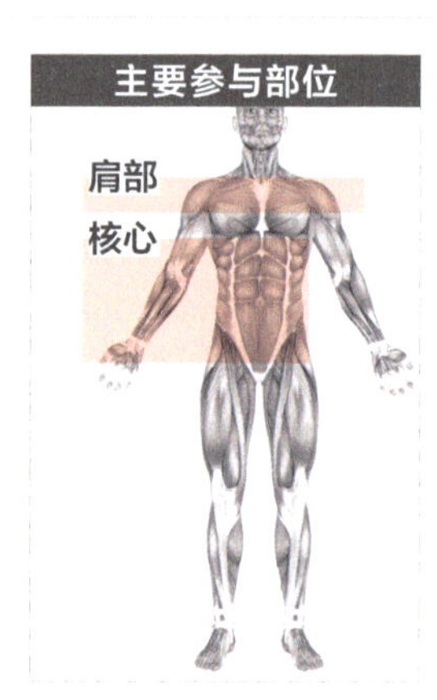

❶ 呈半蹲姿，双脚分开与肩同宽或略宽于肩，大腿与地面呈45度角，核心收紧，躯干略微前倾，双手持药球置于腹前。

❷ 保持躯干挺直，双臂用力快速向上将药球举过头顶并置于头后。

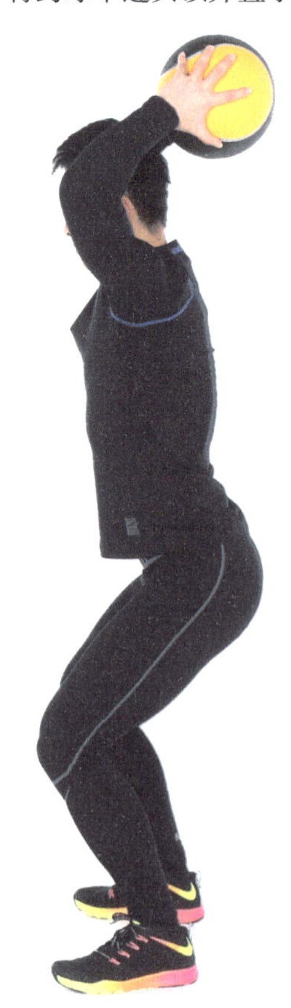

肌肉图解析

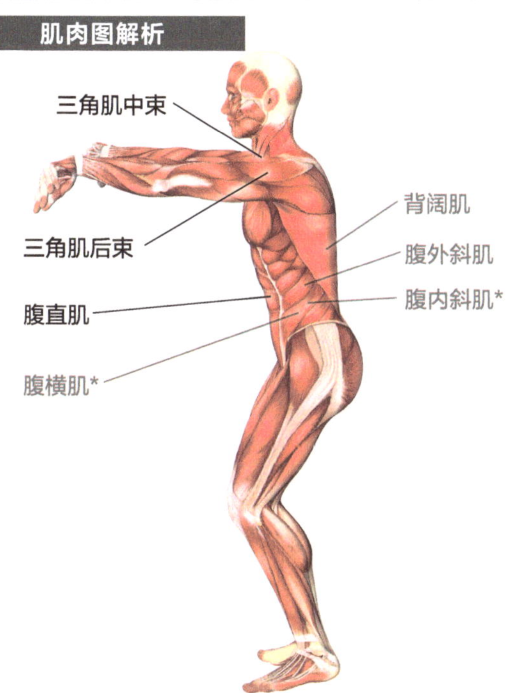

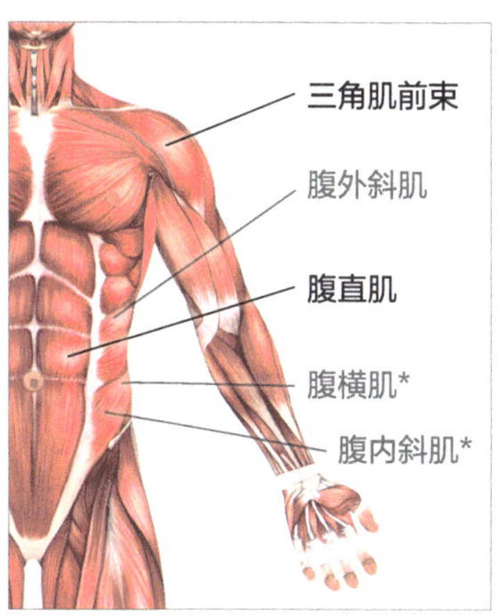

3 双臂以最快速度将药球向前抛出。回到起始姿势，重复规定次数。

药球–单腿军步–过顶扔球

扫描二维码
看动作视频

难度等级　中级

辅助器械　药球

要点提示

- 全程保持核心收紧，躯干挺直，并将臀部肌肉收紧。
- 扔球时，身体尽可能不要晃动。

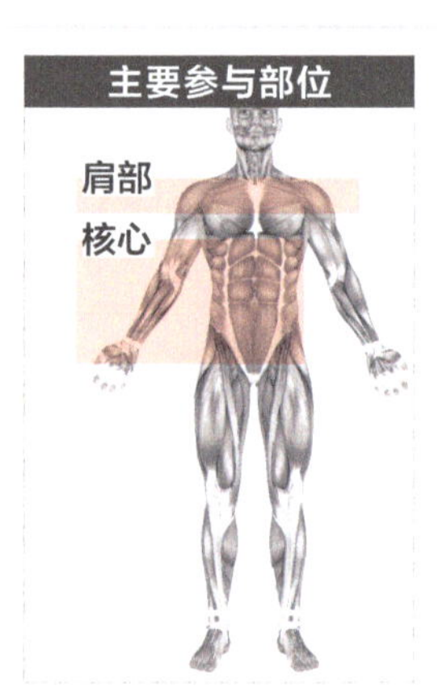

1. 呈单腿军步姿，一侧腿伸直支撑，另一侧腿屈髋屈膝约呈90度，核心收紧，双手持药球置于腹前。

2. 保持躯干挺直，双臂用力快速向上将药球举过头顶并置于头后。

肌肉图解析

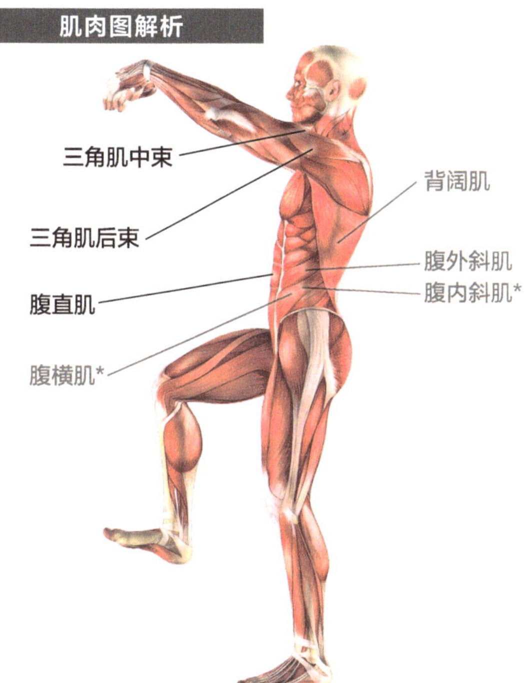

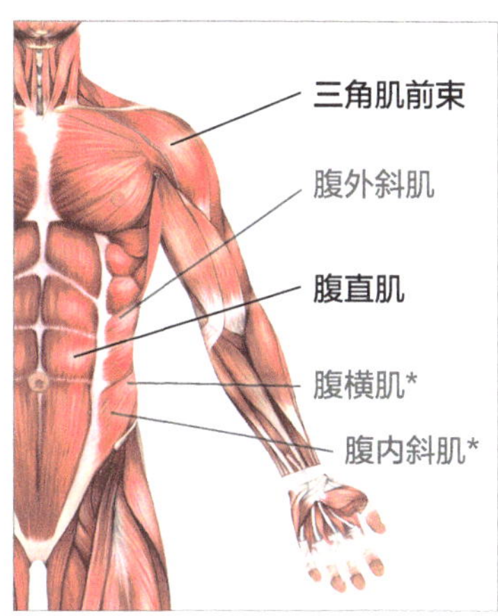

❸ 双臂以最快速度将药球向前抛出。回到起始姿势，重复规定次数。也可以换至对侧重复以上步骤。

4.2.2 平行扔球

药球–跪姿–平行扔球

扫描二维码
看动作视频

难度等级 初级

辅助器械 药球、平衡垫

要点提示

- 全程保持核心收紧，躯干挺直。
- 扔球时，身体尽可能不要晃动。
- 通过髋部发力，带动躯干、肩部、手臂，把动力传递到药球上。

主要参与部位

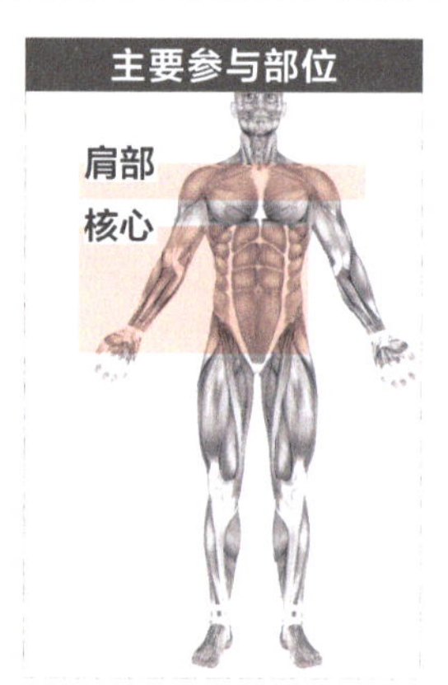

1. 呈直立伸髋双膝跪姿，双膝分开约与肩同宽，大腿约与地面垂直，核心收紧，躯干挺直，双手持药球置于腹前。
2. 快速向后屈髋的同时双臂尽可能快地将药球拉至髋部的一侧。

肌肉图解析

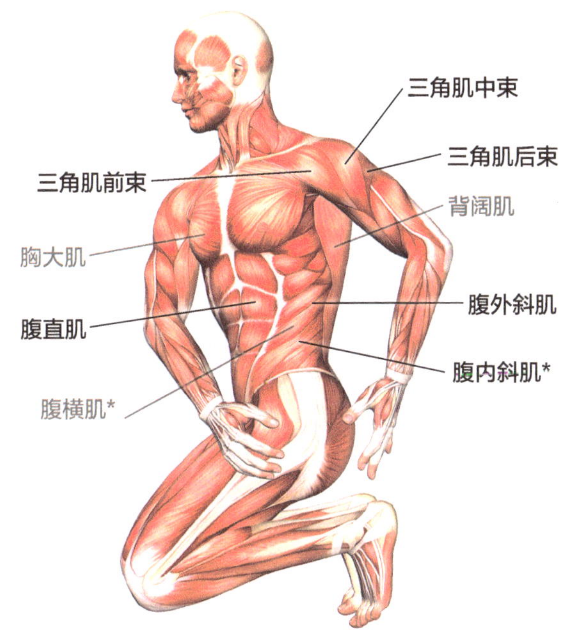

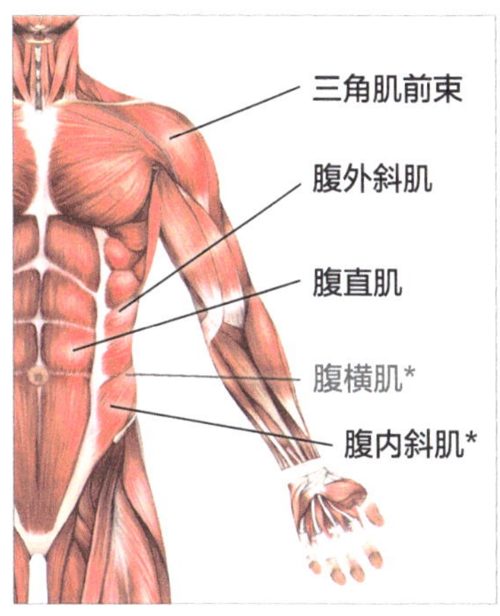

3 快速伸髋的同时双臂以最快速度将药球向前抛出。回到起始姿势，重复规定次数。换另一侧重复相同的步骤。

药球–半跪姿–平行扔球

扫描二维码
看动作视频

难度等级	初级
辅助器械	药球、平衡垫

要点提示

- 全程保持核心收紧，躯干挺直。
- 扔球时，身体尽可能不要晃动。
- 通过髋部发力，带动躯干、肩部、手臂，把动力传递到药球上。

主要参与部位

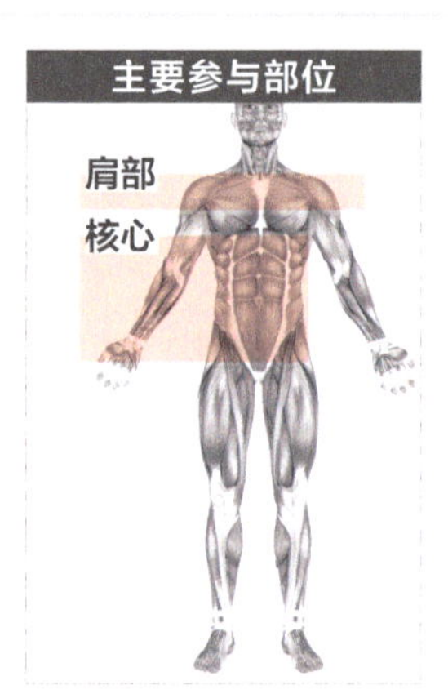

1. 呈前后分腿单膝跪姿，前后腿膝关节约呈90度，核心收紧，躯干挺直，双手持药球置于胸前。
2. 快速向后屈髋的同时双臂尽可能快地将药球拉至后腿髋部的一侧。

肌肉图解析

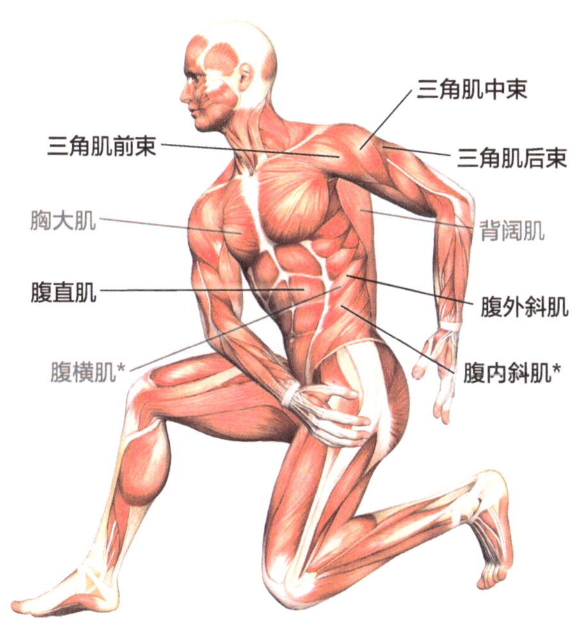

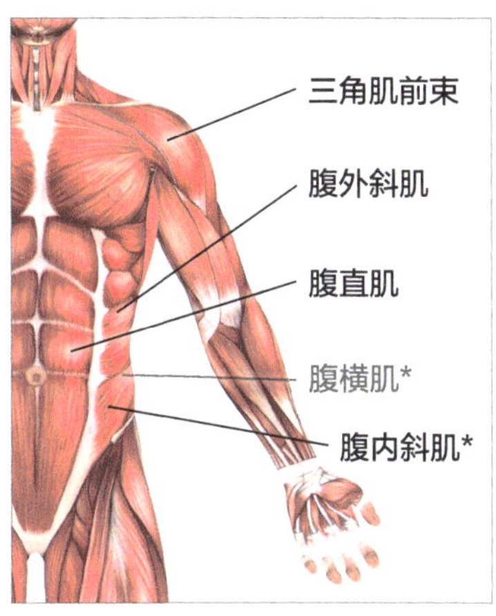

3 快速伸髋的同时双臂以最快速度将药球向前抛出。回到起始姿势，重复规定次数。换另一侧重复相同的步骤。

药球-半跪姿-平行旋转扔球

扫描二维码
看动作视频

难度等级　中级

辅助器械　药球、平衡垫

要点提示

- 全程保持核心收紧，躯干挺直并将后腿臀部肌肉收紧。
- 扔球时，身体尽可能不要晃动。
- 通过躯干旋转发力，带动肩部、手臂，把动力传递到药球上。

主要参与部位

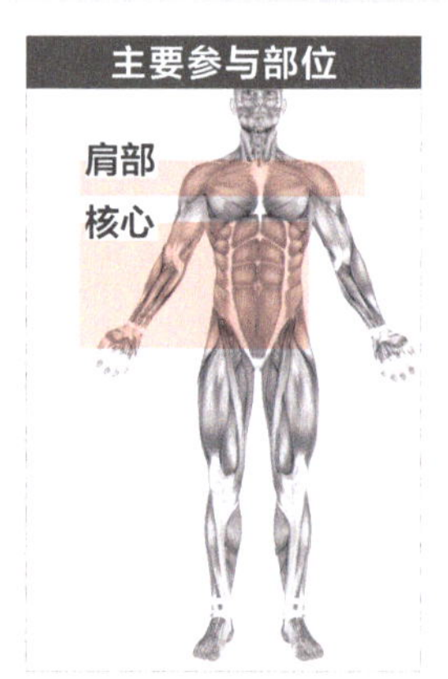

1. 呈前后分腿单膝跪姿，前后腿膝关节约呈90度，核心收紧，躯干挺直，双手持药球置于腹前。

2. 躯干向前腿一侧前倾旋转的同时双臂尽可能快地将药球也拉至前腿髋部的一侧。

肌肉图解析

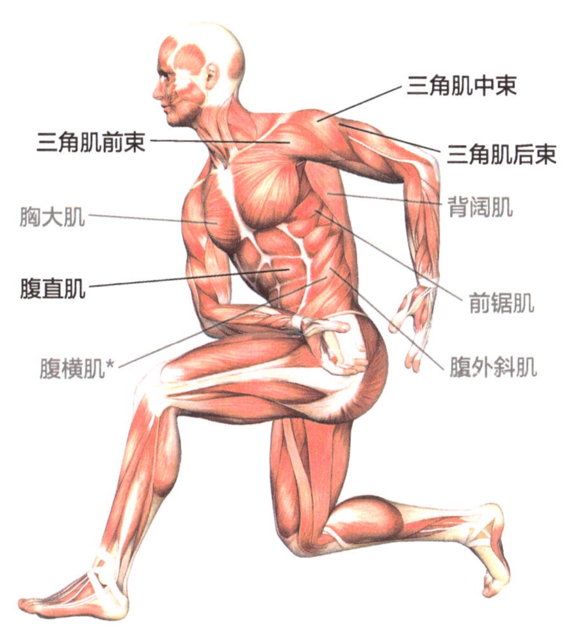

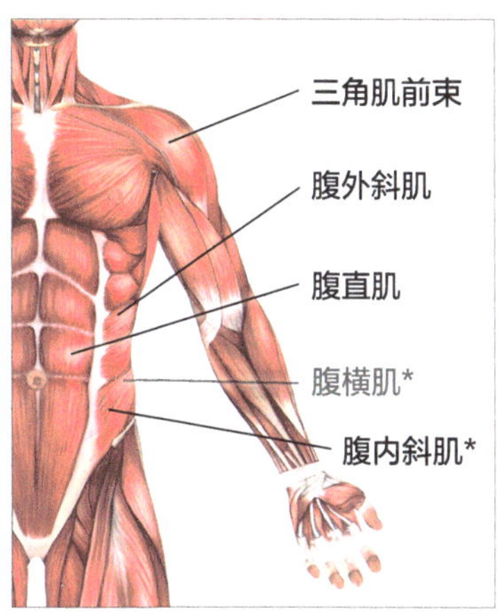

3 躯干快速旋回的同时双臂以最快速度将药球向前抛出。回到起始姿势，重复规定次数。换另一侧重复相同的步骤。

药球-分腿姿-平行扔球

扫描二维码
看动作视频

难度等级 初级

辅助器械 药球

要点提示

- 全程保持核心收紧，躯干挺直。
- 扔球时，身体尽可能不要晃动。
- 通过髋部发力，带动躯干、肩部、手臂，把动力传递到药球上。

主要参与部位

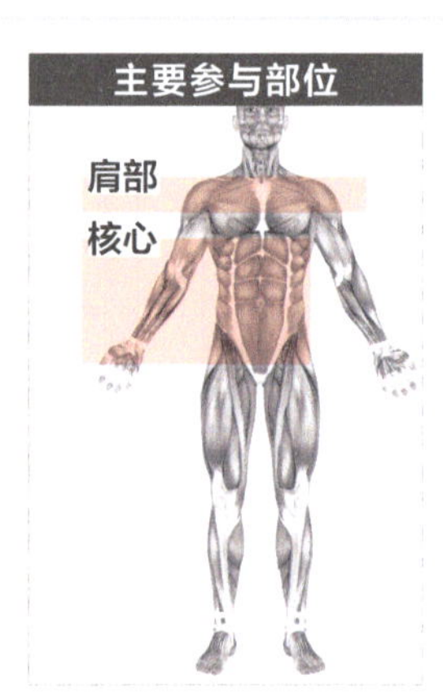

1. 前后分腿开立，核心收紧，躯干挺直，双手持药球置于腹前。

2. 快速向后屈髋的同时双臂尽可能快地将药球拉至后腿髋部的一侧。

肌肉图解析

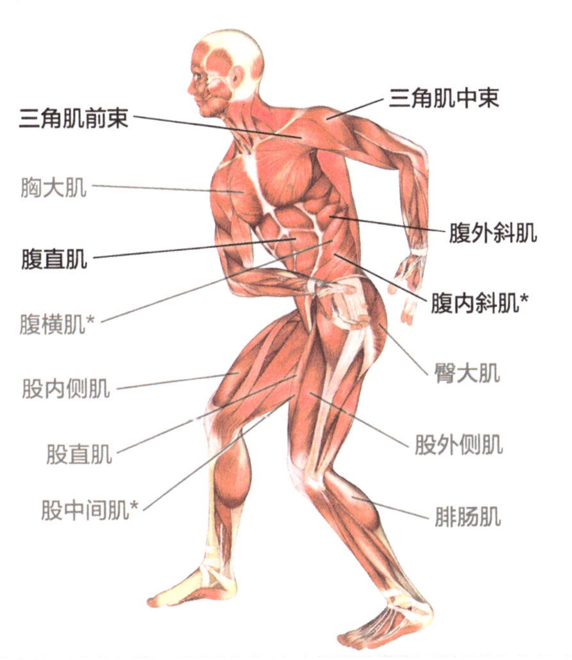

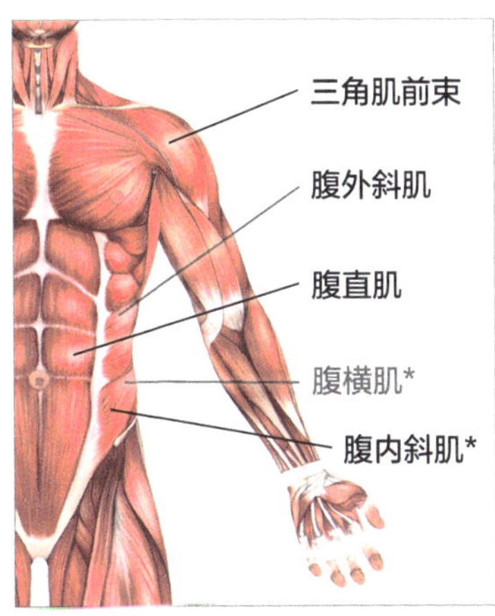

③ 快速伸髋的同时双臂以最快速度将药球向前抛出。回到起始姿势，重复规定次数。换另一侧重复相同的步骤。

药球–分腿姿–平行旋转扔球

扫描二维码
看动作视频

难度等级	中级
辅助器械	药球

要点提示

- 全程保持核心收紧，躯干挺直。
- 扔球时，身体尽可能不要晃动。
- 通过有力的伸髋以及躯干旋转发力，带动肩部、手臂，把动力传递到药球上。

主要参与部位

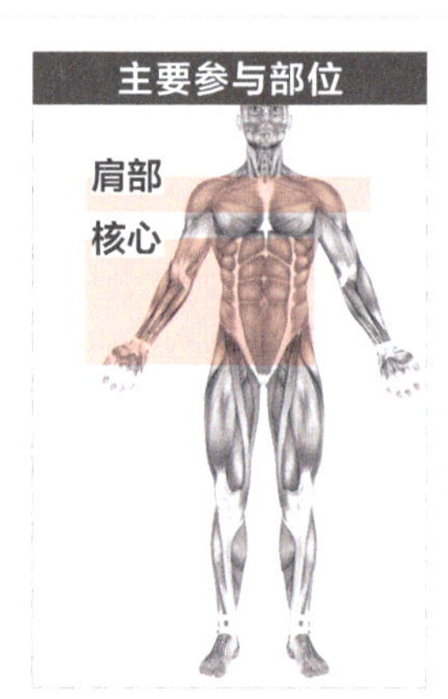

❶ 前后分腿开立，核心收紧，躯干挺直，双手持药球置于腹前。

❷ 前腿快速向后屈髋使身体重心下沉，躯干向前腿一侧前倾旋转的同时双臂尽可能快地将药球也拉至前腿髋部的一侧。

肌肉图解析

三角肌前束
三角肌中束
胸大肌
腹外斜肌
腹直肌
腹内斜肌*
腹横肌*
臀大肌
股中间肌*
股直肌
股内侧肌
股外侧肌
腓肠肌

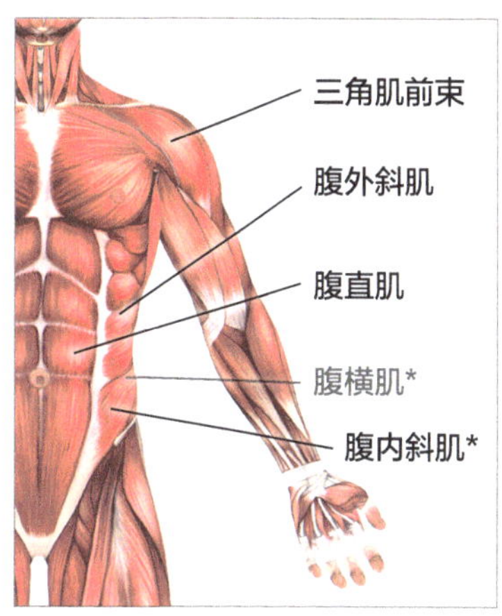

❸ 前腿用力蹬伸，躯干快速旋回的同时双臂以最快速度将药球向前推出。回到起始姿势，重复规定次数。换另一侧重复相同的步骤。

药球-直立姿-平行扔球

扫描二维码
看动作视频

难度等级	初级
辅助器械	药球

要点提示

- 全程保持核心收紧，躯干挺直。
- 扔球时，身体尽可能不要晃动。
- 通过髋部发力，带动躯干、肩部、手臂，把动力传递到药球上。

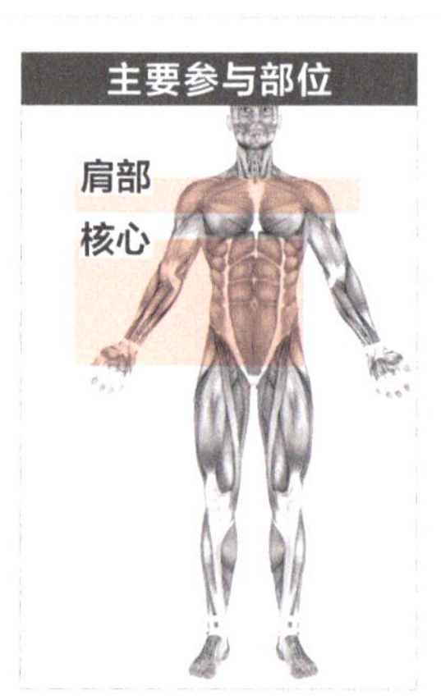

❶ 呈直立姿，双脚分开与肩同宽或略宽于肩，核心收紧，躯干挺直，双手持药球置于腹前。

❷ 快速屈髋的同时双臂尽可能快地将药球拉至髋部的一侧。

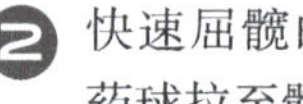

肌肉图解析

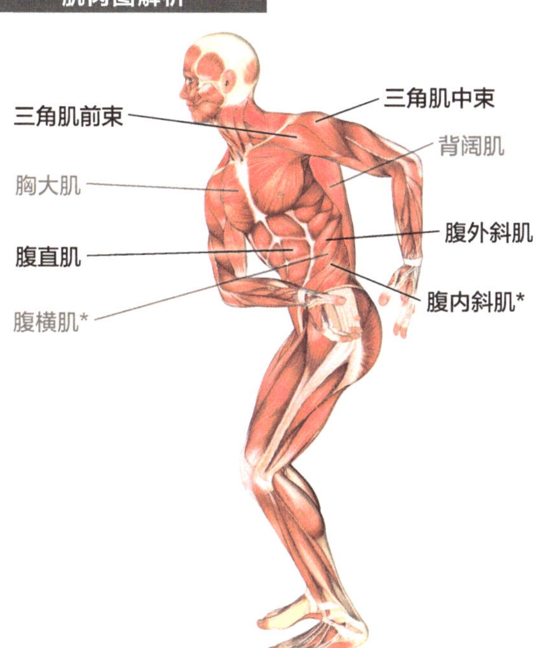

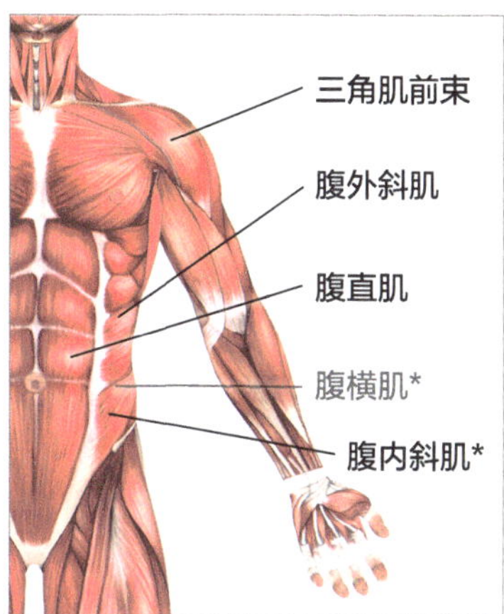

3 双腿用力蹬伸，躯干快速旋回的同时双臂以最快速度将药球向前抛出。回到起始姿势，重复规定次数。换另一侧重复相同的步骤。

药球–单腿军步–平行扔球

扫描二维码
看动作视频

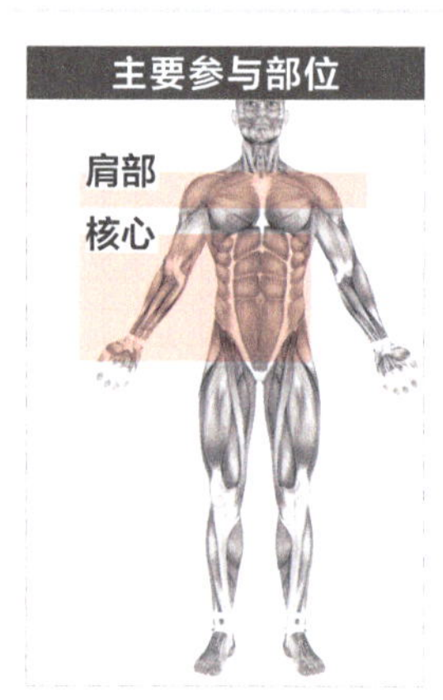

难度等级	中级
辅助器械	药球

要点提示

- 全程保持核心收紧，躯干挺直。
- 扔球时，身体尽可能不要晃动。
- 通过髋部发力，带动躯干、肩部、手臂，把动力传递到药球上。

1. 呈单腿军步姿，一侧腿伸直支撑，另一侧腿屈髋屈膝90度，核心收紧，躯干挺直，双手持药球置于腹前。

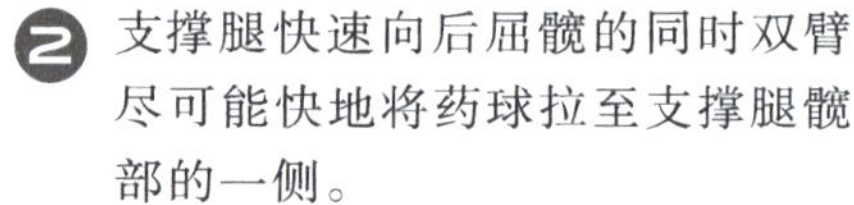

2. 支撑腿快速向后屈髋的同时双臂尽可能快地将药球拉至支撑腿髋部的一侧。

肌肉图解析

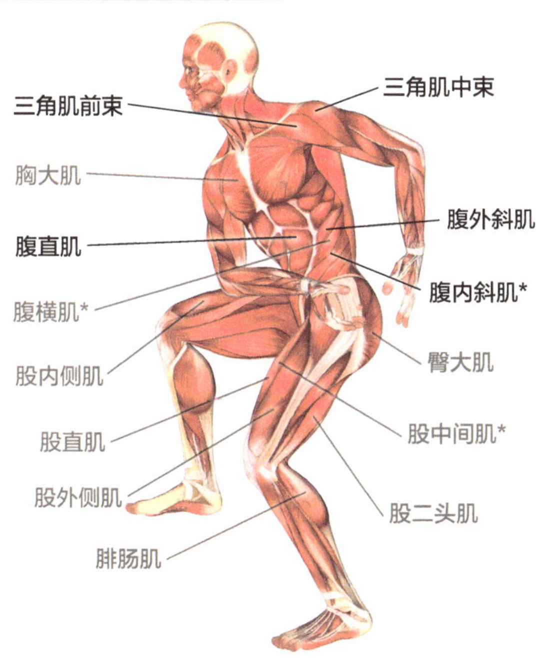

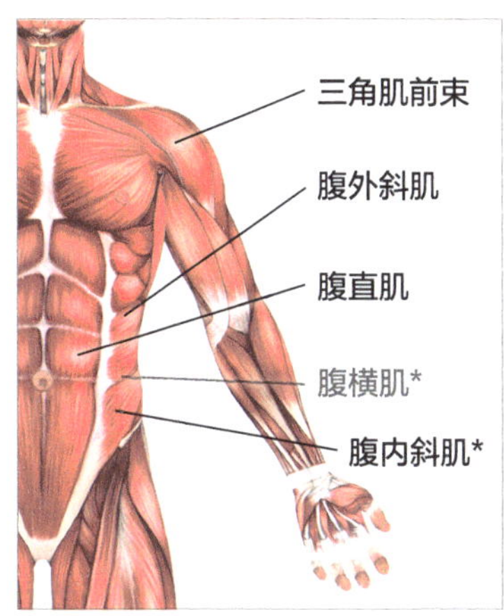

3 支撑腿用力蹬伸，躯干快速旋回的同时双臂以最快速度将药球向前抛出。回到起始姿势，重复规定次数。换另一侧重复相同的步骤。

药球-单腿军步-平行旋转扔球

扫描二维码
看动作视频

难度等级 高级

辅助器械 药球

要点提示

- 全程保持核心收紧，躯干挺直。
- 扔球时，身体尽可能不要晃动。
- 通过有力的伸髋以及躯干旋转，带动肩部、手臂，把动力传递到药球上。

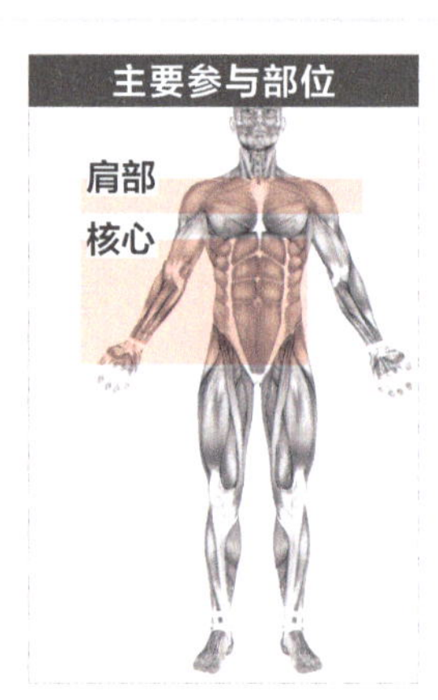

❶ 呈单腿军步姿，一侧腿伸直支撑，另一侧腿屈髋屈膝90度，核心收紧，躯干挺直，双手持药球置于腹前。

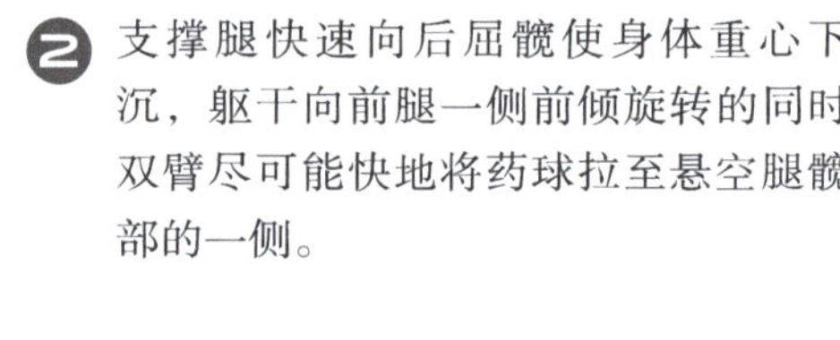

❷ 支撑腿快速向后屈髋使身体重心下沉，躯干向前腿一侧前倾旋转的同时双臂尽可能快地将药球拉至悬空腿髋部的一侧。

肌肉图解析

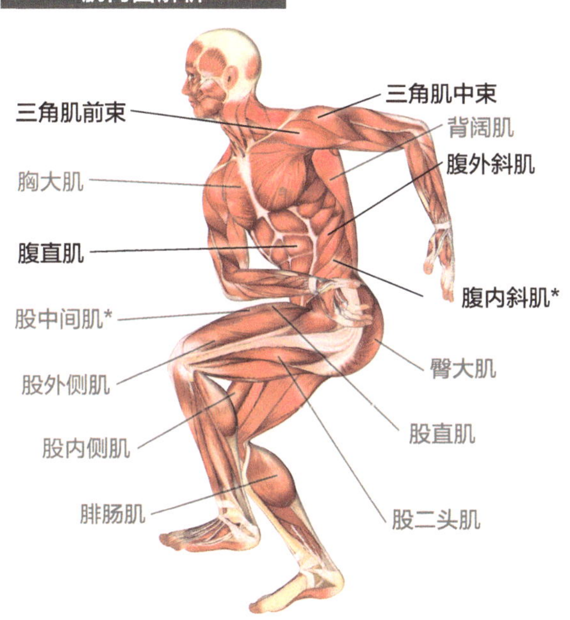

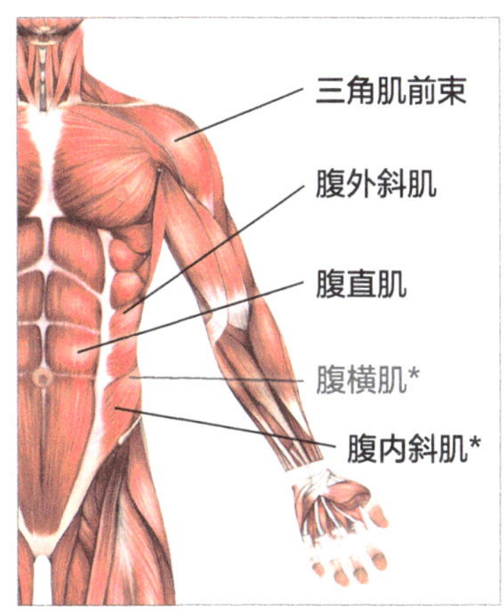

❸ 支撑腿用力蹬伸，躯干快速旋回的同时双臂以最快速度将药球向前抛出。回到起始姿势，重复规定次数。换另一侧重复相同的步骤。

4.2.3 侧向扔球 药球-跪姿-侧向旋转扔球

扫描二维码
看动作视频

难度等级 中级

辅助器械 药球、平衡垫

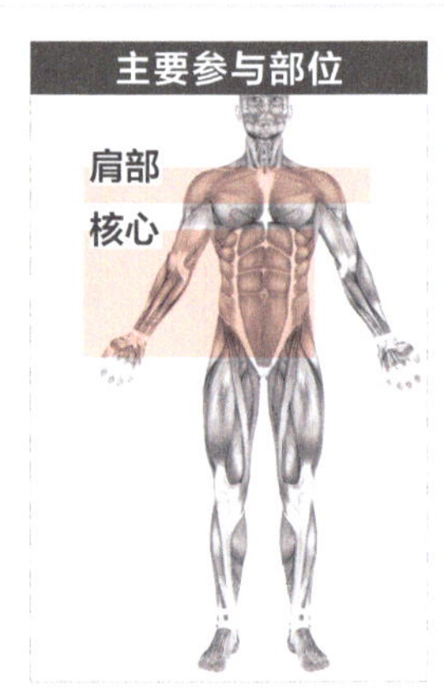

要点提示

- 全程保持核心收紧，躯干挺直。
- 扔球时，身体尽可能不要晃动。
- 通过髋部发力，带动躯干、肩部、手臂，把动力传递到药球上。

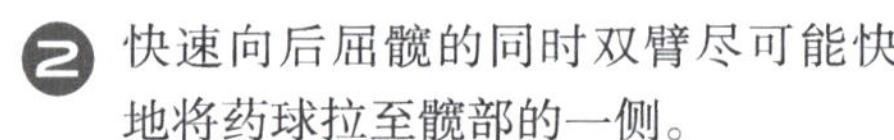

1. 呈直立伸髋双膝跪姿，双膝分开约与肩同宽，大腿约与地面垂直，核心收紧，躯干挺直，双手持药球置于腹前。

2. 快速向后屈髋的同时双臂尽可能快地将药球拉至髋部的一侧。

肌肉图解析

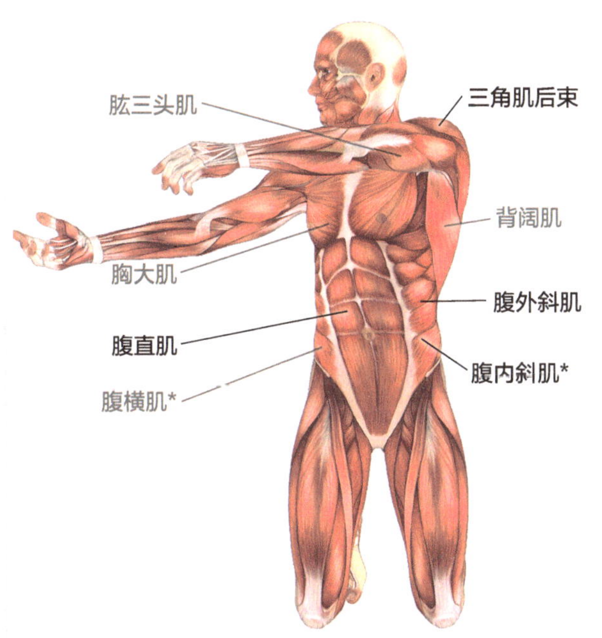

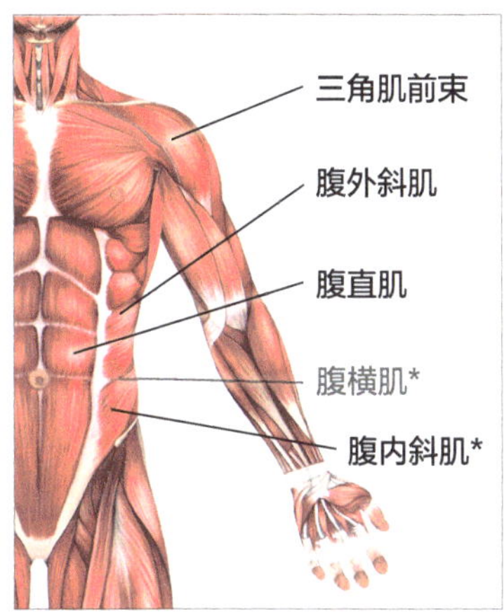

3 快速伸髋的同时躯干尽可能快地向对侧转动，并且双臂随之以最快速度将药球向对侧抛出。回到起始姿势，重复规定次数。换另一侧重复相同的步骤。

药球–半跪姿–侧向旋转扔球

扫描二维码
看动作视频

难度等级	中级
辅助器械	药球、平衡垫

要点提示

- 全程保持核心收紧，躯干挺直。
- 扔球时，身体尽可能不要晃动。
- 通过有力的伸髋以及躯干旋转发力带动肩部、手臂，把动力传递到药球上。

主要参与部位

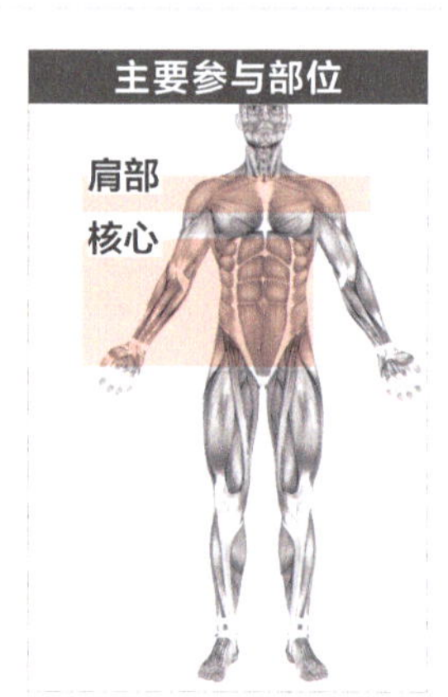

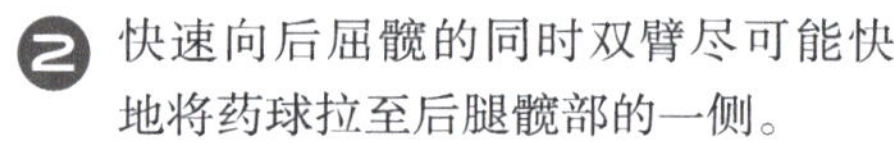

1. 呈前后分腿单膝跪姿，前后腿膝关节约呈90度，核心收紧、躯干挺直，双手持药球置于腹前。

2. 快速向后屈髋的同时双臂尽可能快地将药球拉至后腿髋部的一侧。

肌肉图解析

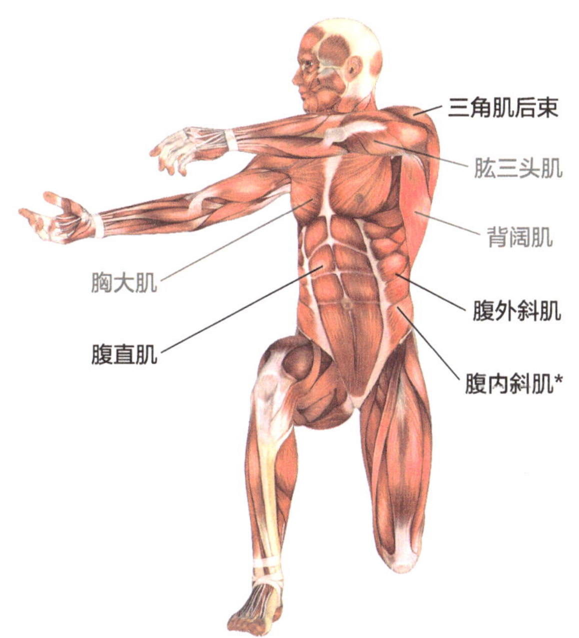

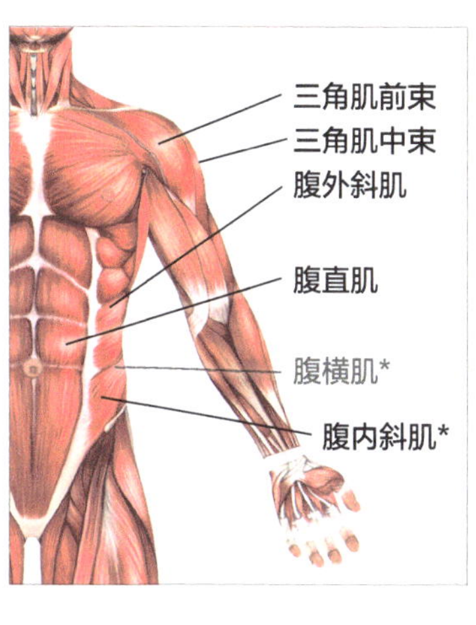

3 快速伸髋的同时躯干尽可能快地向对侧转动，并且双臂随之以最快速度将药球向对侧抛出。回到起始姿势，重复规定次数。换另一侧重复相同的步骤。

药球–半跪姿–侧向扔球

扫描二维码
看动作视频

难度等级	中级
辅助器械	药球、平衡垫

要点提示

- 全程保持核心收紧，躯干挺直并将后腿臀部肌肉收紧。
- 扔球时，身体尽可能不要晃动。
- 通过躯干旋转发力，带动肩部、手臂，把动力传递到药球上。

主要参与部位

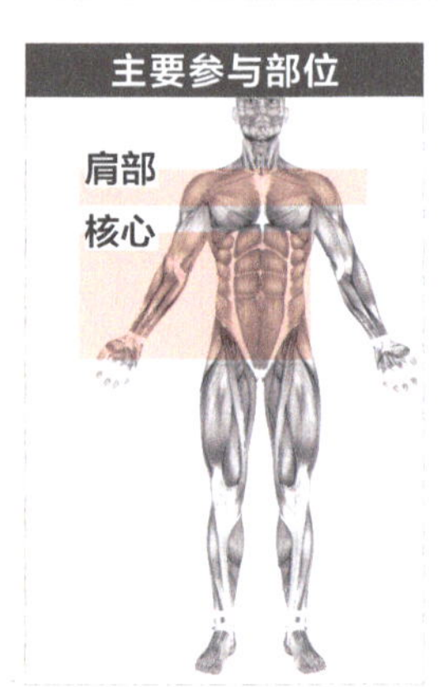

1. 呈前后分腿单膝跪姿，前后腿膝关节约呈90度，核心收紧，躯干挺直，双手持药球置于腹前。

2. 躯干向前腿一侧前倾旋转的同时双臂尽可能快地将药球也拉至前腿髋部的一侧。

肌肉图解析

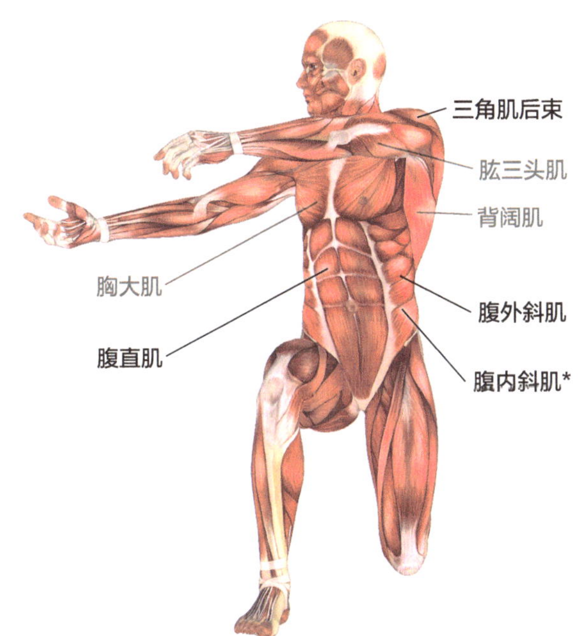

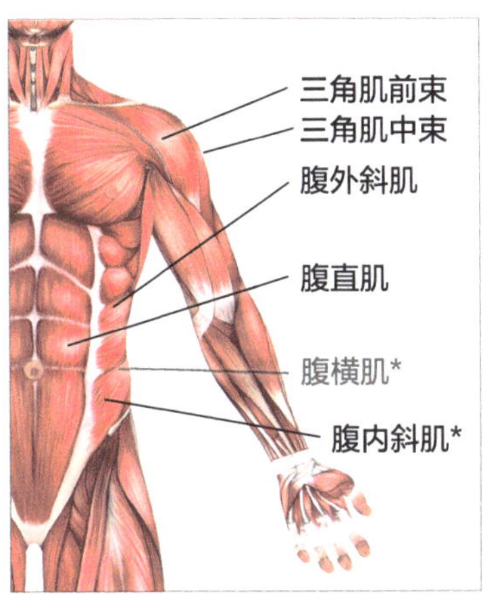

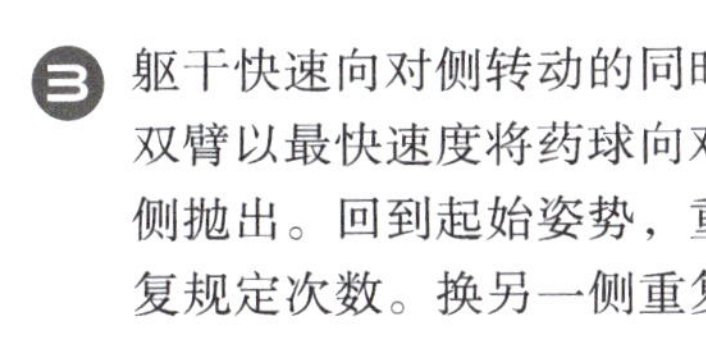

3 躯干快速向对侧转动的同时双臂以最快速度将药球向对侧抛出。回到起始姿势，重复规定次数。换另一侧重复相同的步骤。

药球-分腿姿-侧向扔球

扫描二维码
看动作视频

难度等级	中级
辅助器械	药球

要点提示

- 全程保持核心收紧，躯干挺直并将后腿臀部肌肉收紧。
- 扔球时，身体尽可能不要晃动。
- 通过躯干旋转发力，带动肩部、手臂，把动力传递到药球上。

主要参与部位

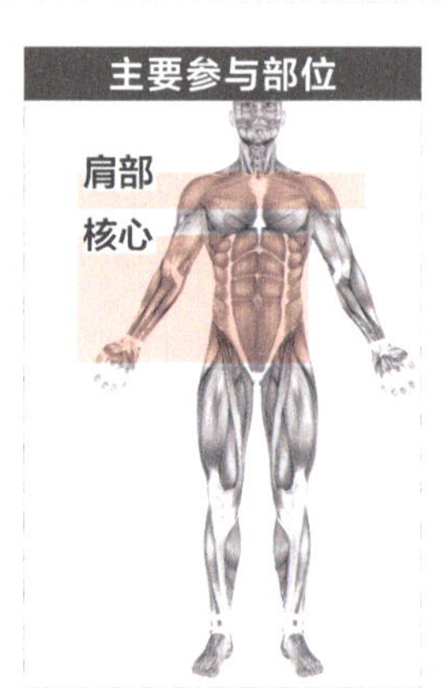

❶ 前后分腿开立，核心收紧，躯干挺直，双手持药球置于腹前。

❷ 躯干向前腿一侧前倾旋转的同时双臂尽可能快地将药球也拉至前腿髋部的一侧。

肌肉图解析

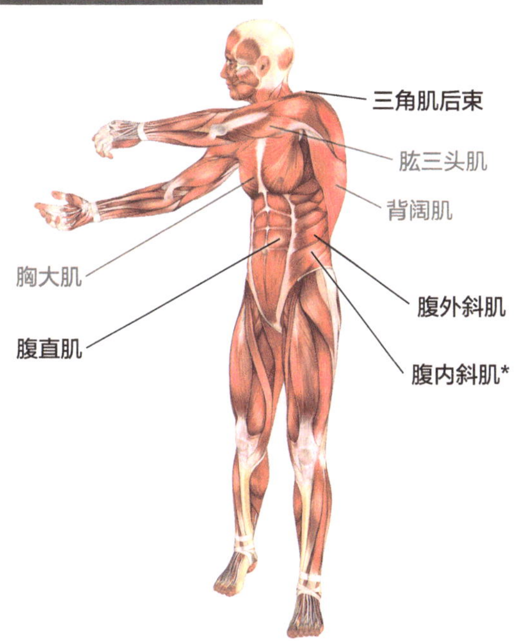

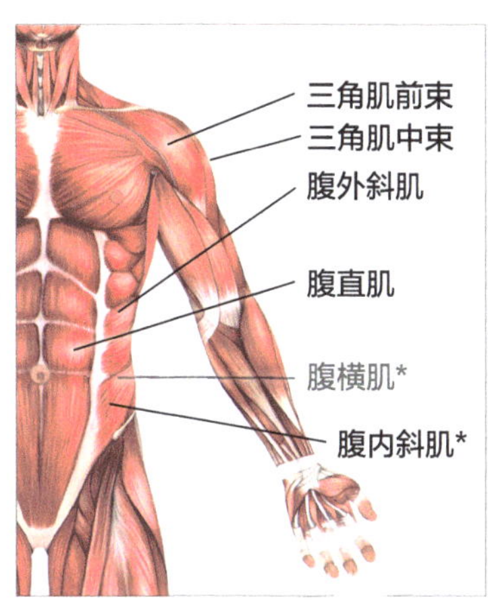

3 躯干快速向对侧转动的同时双臂以最快速度将药球向对侧抛出。回到起始姿势，重复规定次数。换另一侧重复相同的步骤。

药球-分腿姿-侧向旋转扔球

扫描二维码
看动作视频

难度等级 中级

辅助器械 药球

要点提示

- 全程保持核心收紧，躯干挺直。
- 扔球时，身体尽可能不要晃动。
- 通过有力的伸髋以及躯干旋转发力，带动肩部、手臂，把动力传递到药球上。

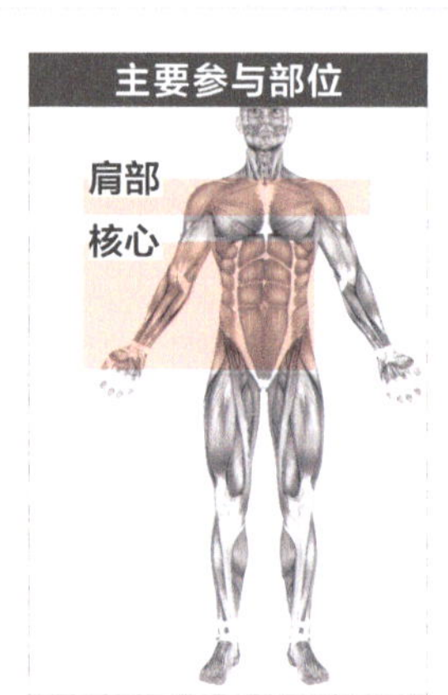

1. 前后分腿开立，核心收紧，躯干挺直，双手持药球置于腹前。

2. 后腿快速向后屈髋使身体重心下沉，躯干向后腿一侧前倾旋转的同时双臂尽可能快地将药球拉至后腿髋部的一侧。

肌肉图解析

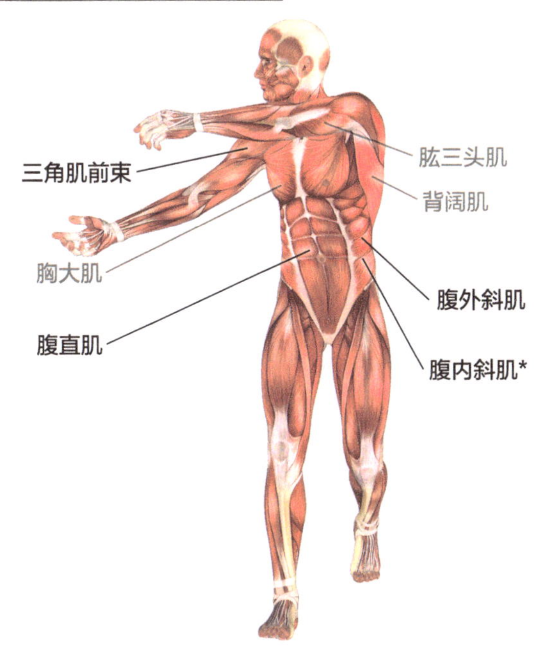

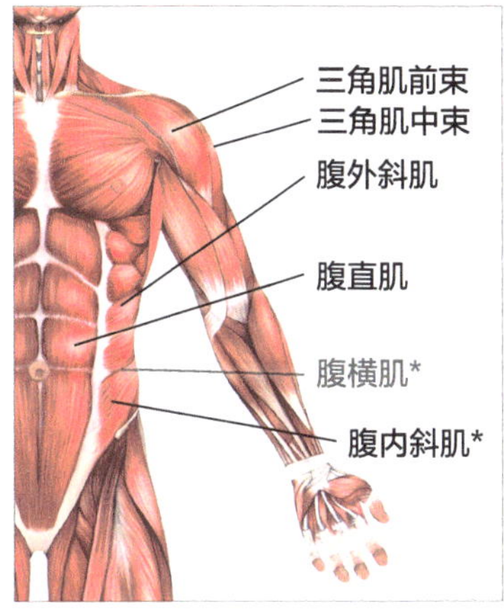

3 后腿用力蹬伸，躯干快速向对侧转动的同时双臂以最快速度将药球向对侧抛出。回到起始姿势，重复规定次数。换另一侧重复相同的步骤。

药球-直立姿-侧向扔球

扫描二维码
看动作视频

难度等级 中级

辅助器械 药球

要点提示

- 全程保持核心收紧，躯干挺直并将臂部肌肉收紧。
- 扔球时，身体尽可能不要晃动。
- 通过躯干旋转发力，带动肩部、手臂，把动力传递到药球上。

主要参与部位

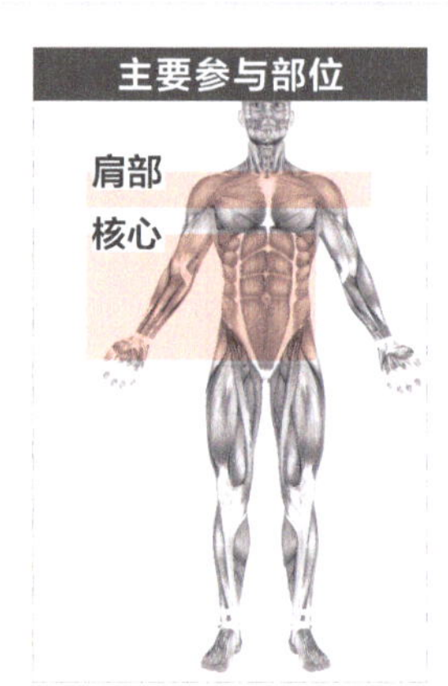

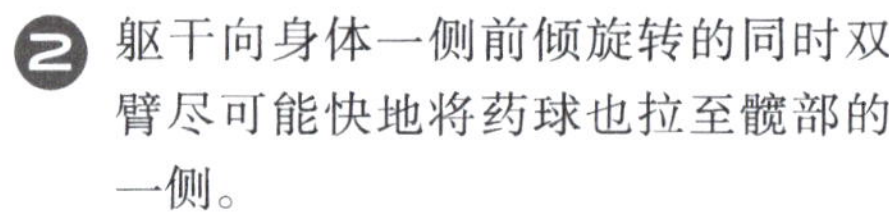

1. 呈直立姿，双脚分开与肩同宽或略宽于肩，核心收紧，躯干挺直，双手持药球置于腹前。

2. 躯干向身体一侧前倾旋转的同时双臂尽可能快地将药球也拉至髋部的一侧。

肌肉图解析

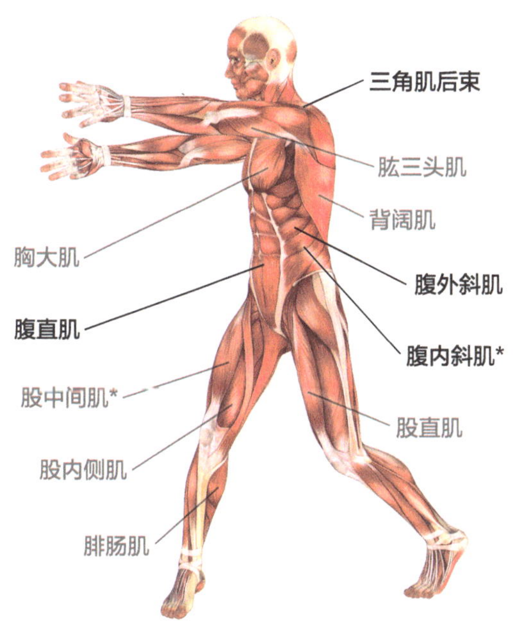

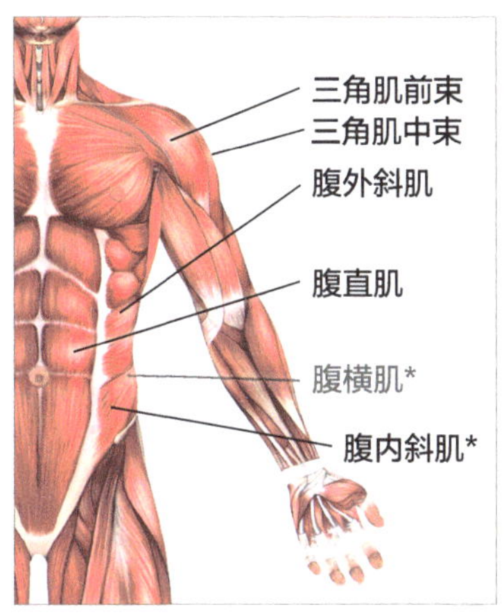

❸ 躯干快速向对侧转动的同时双臂以最快速度将药球向对侧抛出。回到起始姿势，重复规定次数。换另一侧重复相同的步骤。

药球-单腿军步-侧向扔球

扫描二维码
看动作视频

难度等级 高级

辅助器械 药球

要点提示

- 全程保持核心收紧，躯干挺直并将支撑腿臀部肌肉收紧。
- 扔球时，身体尽可能不要晃动。
- 通过躯干旋转发力，带动肩部、手臂，把动力传递到药球上。

主要参与部位

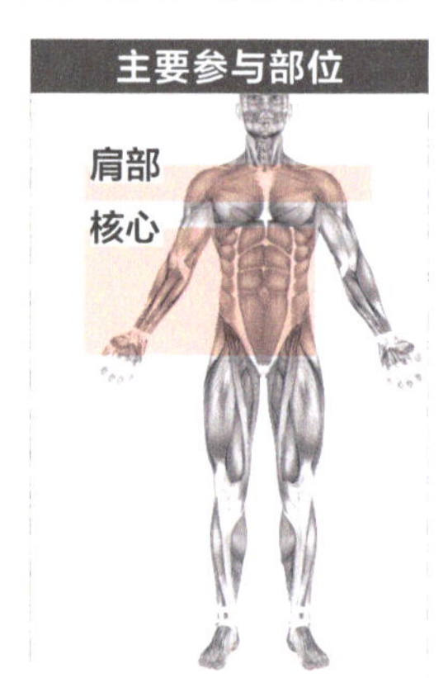

1. 呈单腿军步姿，一侧腿伸直支撑，另一侧腿屈髋屈膝约90度，核心收紧，躯干挺直，双手持药球置于腹前。

2. 躯干向支撑腿一侧前倾旋转的同时双臂尽可能快地将药球拉至支撑腿髋部的一侧。

肌肉图解析

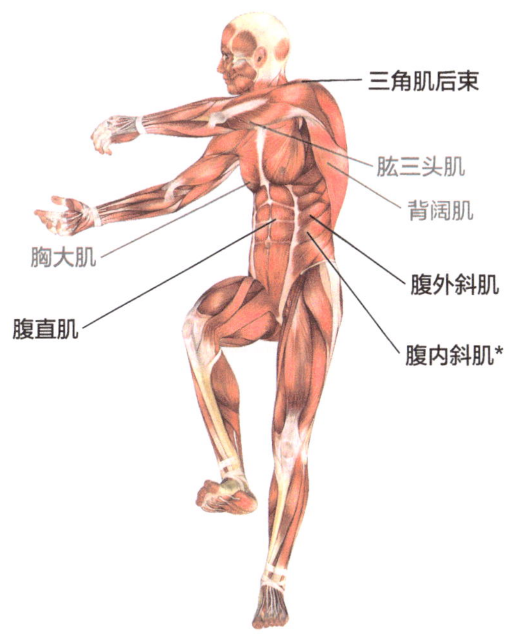

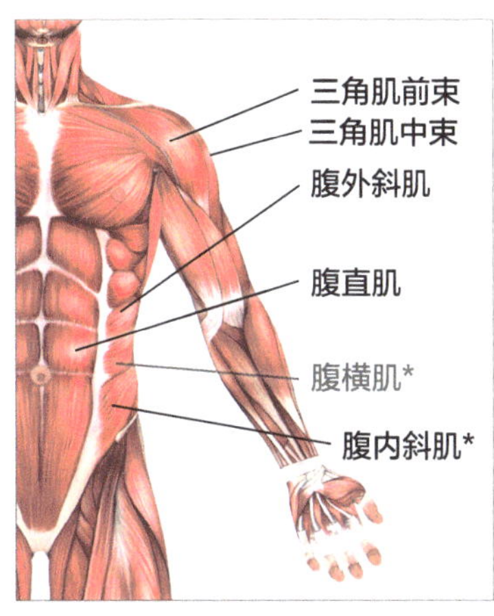

3 躯干快速向对侧转动的同时双臂以最快速度将药球向对侧抛出。回到起始姿势，重复规定次数。换另一侧重复相同的步骤。

4.3 砸球

4.3.1 过顶砸球 药球-跪姿-过顶砸球

扫描二维码
看动作视频

难度等级 初级

辅助器械 药球、平衡垫

要点提示

- 全程保持核心收紧，躯干挺直，并将臀部肌肉收紧。
- 砸球时，身体尽可能不要晃动，保持骨盆始终处于中立位。

主要参与部位

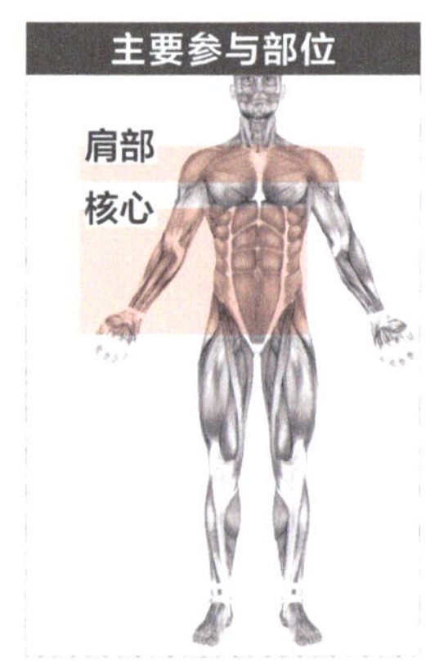

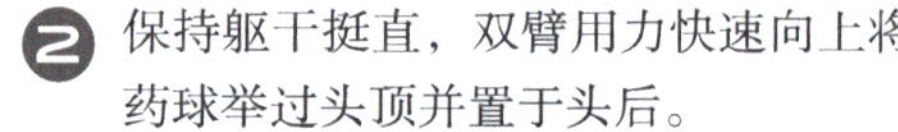

1. 呈直立伸髋双膝跪姿，双腿分开约与肩同宽，大腿与地面垂直，核心收紧，双手持药球置于腹前。

2. 保持躯干挺直，双臂用力快速向上将药球举过头顶并置于头后。

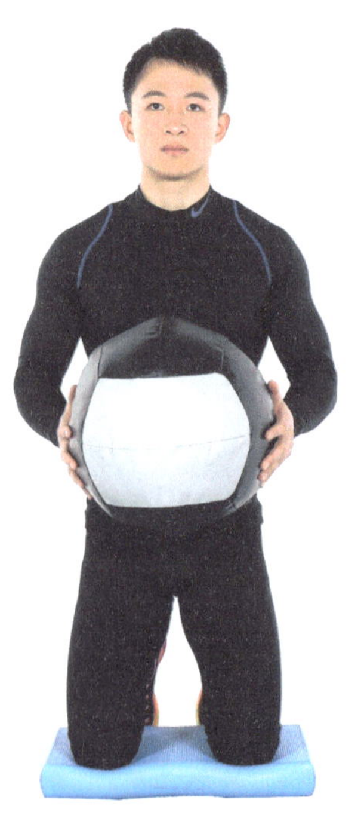

肌肉图解析

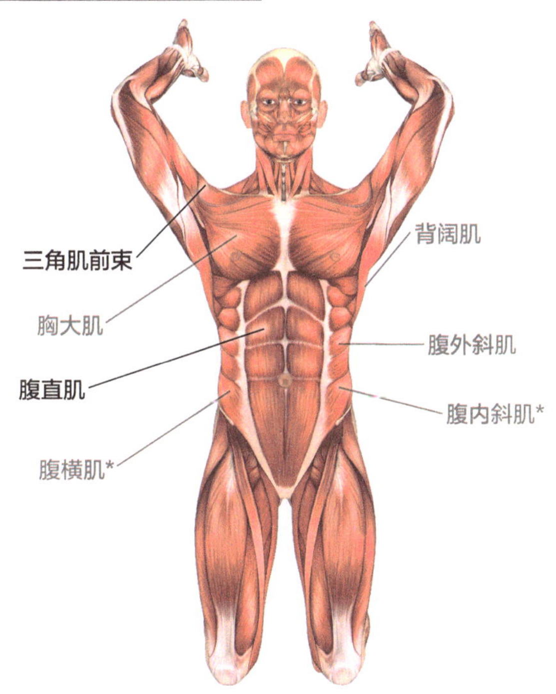

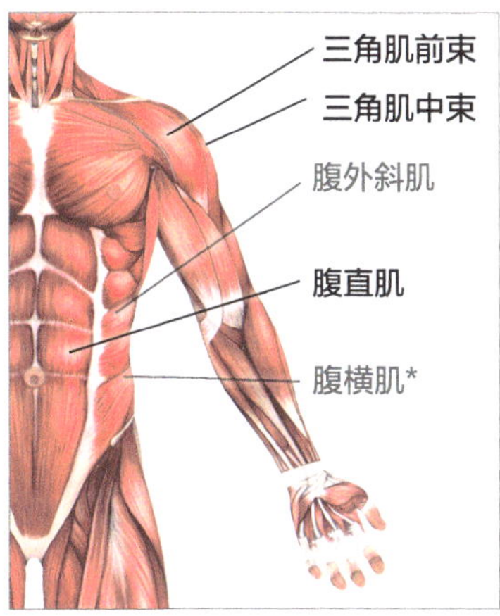

3 双臂以最快速度将药球砸向地面。当药球反弹至手部时，双手抓住药球。回到起始姿势，重复规定次数。

药球-直立姿-过顶砸球

扫描二维码
看动作视频

难度等级	初级
辅助器械	药球

要点提示

- 全程保持核心收紧，躯干挺直，并将臀部肌肉收紧。
- 砸球时，身体尽可能不要晃动，保持骨盆始终处于中立位。
- 在动作过程中，拉长腹部、抬起脚后跟有助于增大动作幅度和力度。

主要参与部位

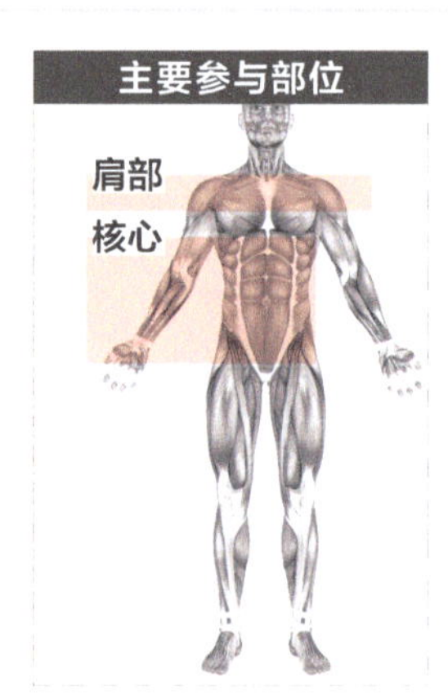

❶ 呈直立姿，双脚分开略宽于肩，核心收紧，双手持药球置于腹前。

❷ 保持躯干挺直，双臂用力快速向上将药球举过头顶并置于头后。

肌肉图解析

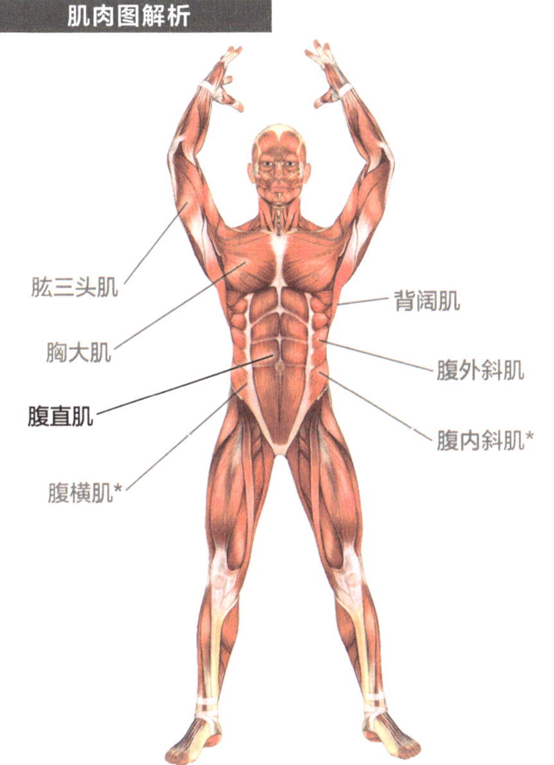

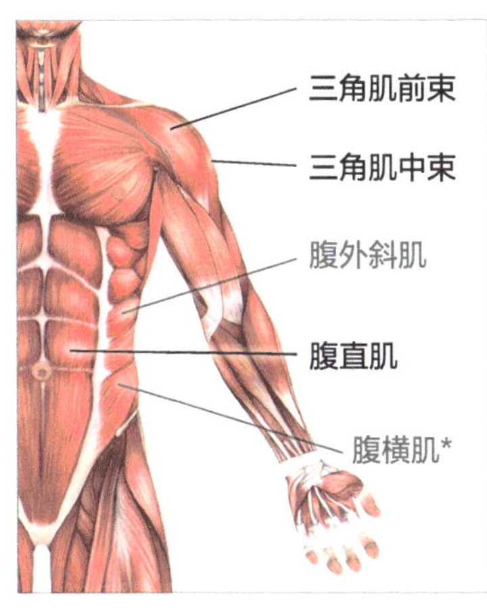

3 双臂以最快速度将药球砸向地面。当药球反弹至手部时，双手抓住药球，回到起始姿势，重复规定次数。

4.3.2 过顶旋转砸球

药球-跪姿-过顶旋转砸球

扫描二维码
看动作视频

难度等级	中级
辅助器械	药球、平衡垫

要点提示

- 全程保持核心收紧，躯干挺直，并将臀部肌肉收紧。
- 砸球时，身体尽可能不要晃动，保持骨盆始终处于中立位。

主要参与部位

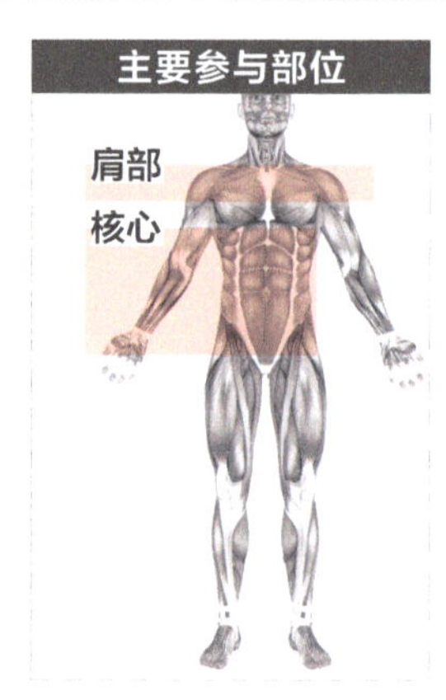

1. 呈直立伸髋双膝跪姿，双腿分开约与肩同宽，大腿与地面垂直，核心收紧，双手持药球置于腹前。

2. 保持躯干挺直，双手持药球快速从身体一侧由下向上移动过头顶。

肌肉图解析

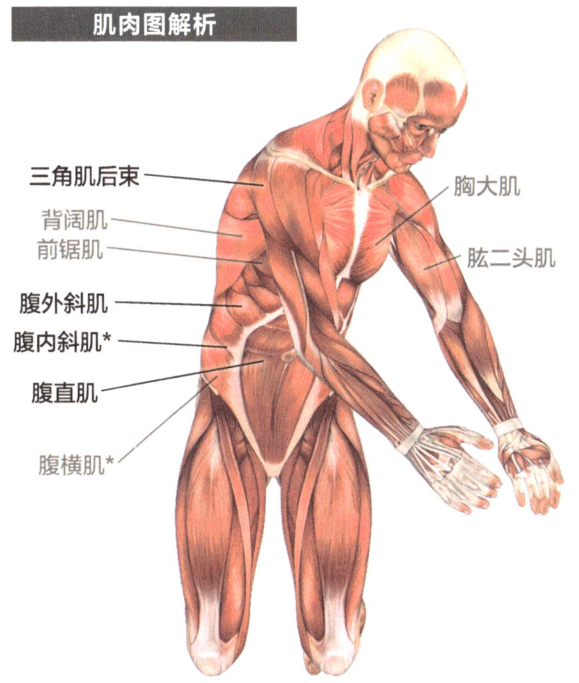

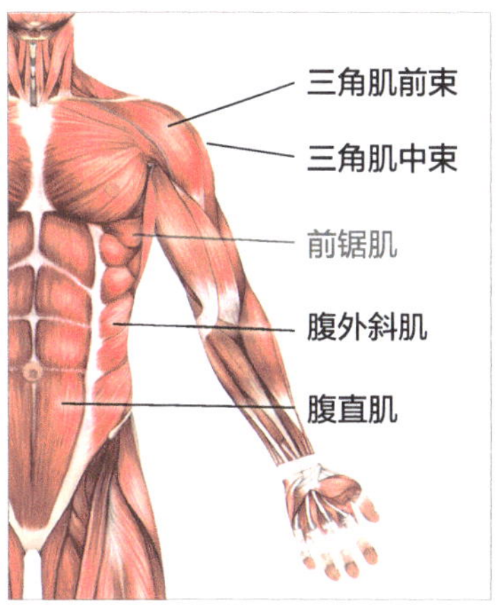

3 双臂以最快速度将药球砸向身体另一侧的地面。当药球反弹至手部时，双手抓住药球，回到起始姿势，重复规定次数。换另一侧重复相同的步骤。

药球-半跪姿-过顶旋转砸球

扫描二维码
看动作视频

难度等级　中级

辅助器械　药球、平衡垫

要点提示

- 全程保持核心收紧，躯干挺直，并将后腿臀部肌肉收紧。
- 砸球时，身体尽可能不要晃动，保持骨盆始终处于中立位。

主要参与部位

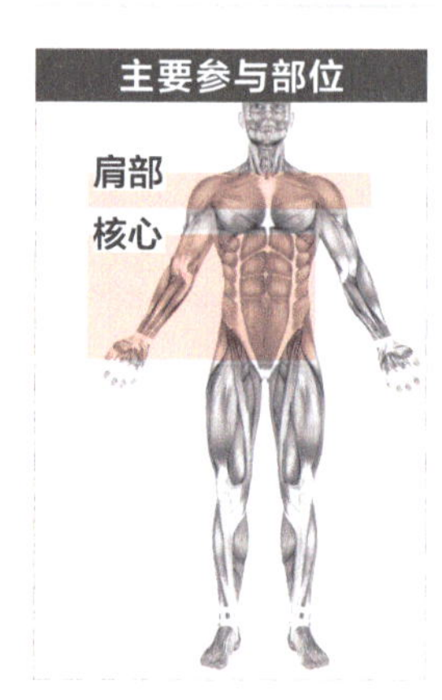

❶ 呈前后分腿单膝跪姿，前后腿膝关节约呈90度，核心收紧，双手持药球置于腹前。

❷ 保持躯干挺直，双手持药球快速从身体一侧由下向上移动过头顶。

肌肉图解析

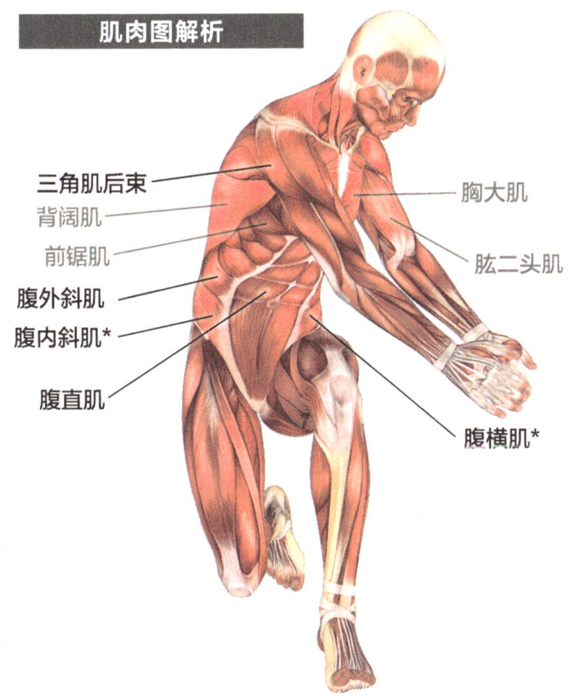

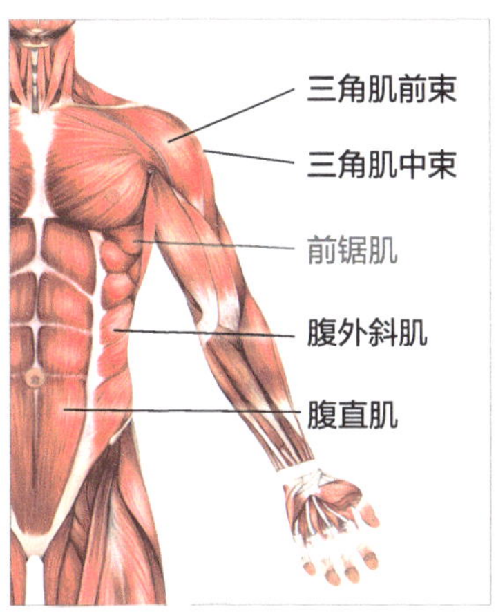

3 躯干向前腿一侧前倾旋转的同时双臂以最快速度将药球砸向前腿侧地面。当药球反弹至手部时，双手抓住药球，回到起始姿势，重复规定次数。换另一侧重复相同的步骤。

药球-分腿姿-过顶旋转砸球

扫描二维码
看动作视频

难度等级	中级
辅助器械	药球

要点提示

- 全程保持核心收紧，躯干挺直，并将后腿臀部肌肉收紧。
- 砸球时，身体尽可能不要晃动，保持骨盆始终处于中立位。

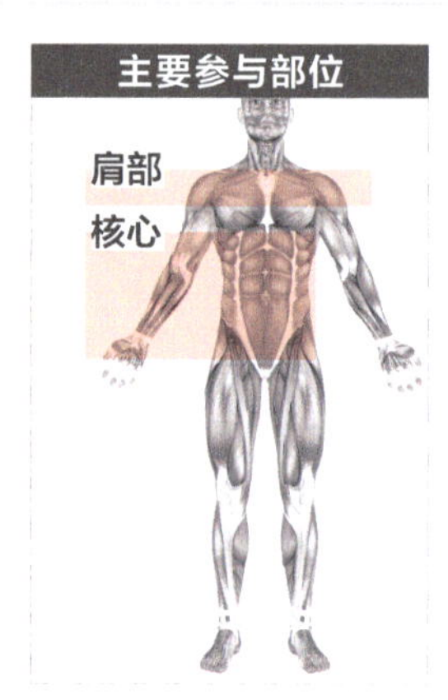

❶ 双腿分腿开立，核心收紧，双手持药球置于腹前。

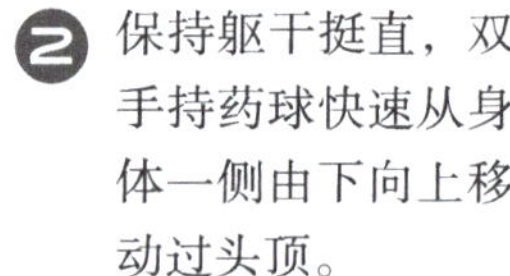

❷ 保持躯干挺直，双手持药球快速从身体一侧由下向上移动过头顶。

肌肉图解析

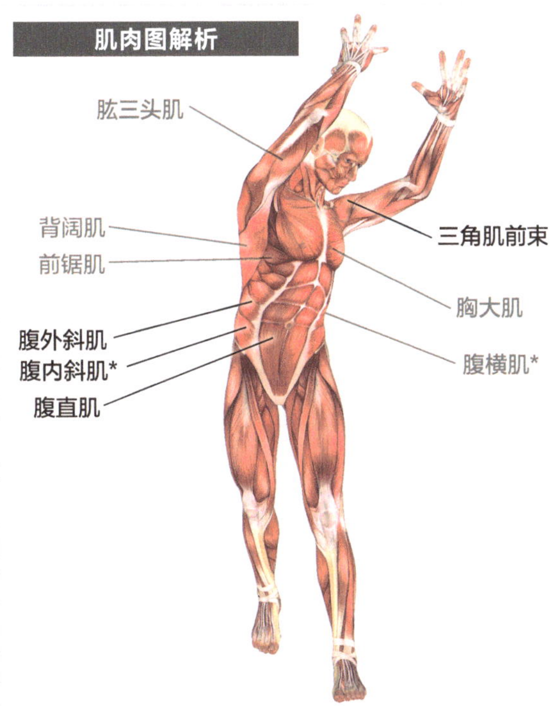

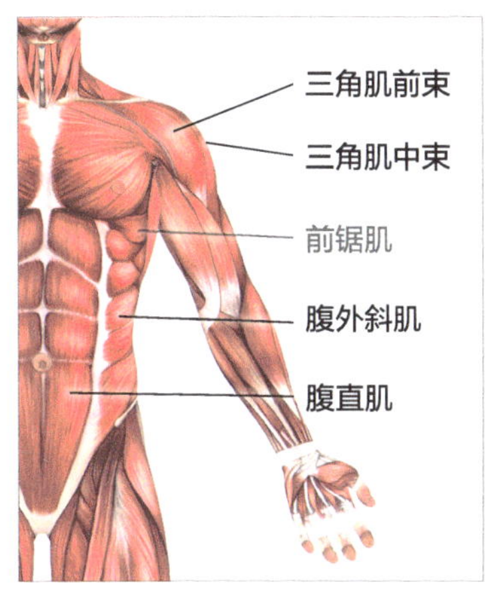

❸ 躯干向前腿一侧前倾旋转的同时双臂以最快速度将药球砸向前腿侧地面。当药球反弹至手部时，双手抓住药球，回到起始姿势，重复规定次数。换另一侧重复相同的步骤。

药球-直立姿-过顶旋转砸球

扫描二维码
看动作视频

难度等级	中级
辅助器械	药球

要点提示

- 全程保持核心收紧，躯干挺直，并将臀部肌肉收紧。
- 砸球时，身体尽可能不要晃动，保持骨盆始终处于中立位。

主要参与部位

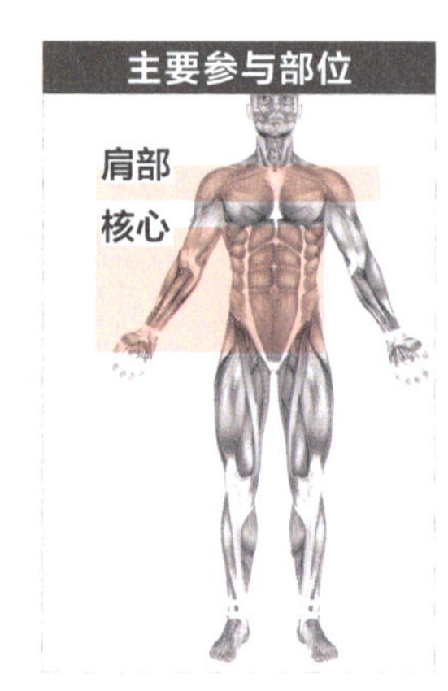

❶ 呈直立姿，双脚分开略宽于肩，核心收紧，双手持药球置于腹前。

❷ 保持躯干挺直，双手持药球快速从身体一侧由下向上移动过头顶。

肌肉图解析

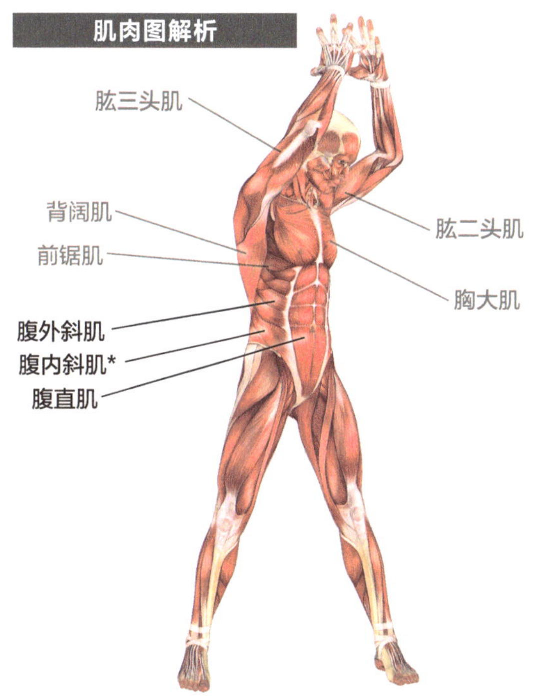

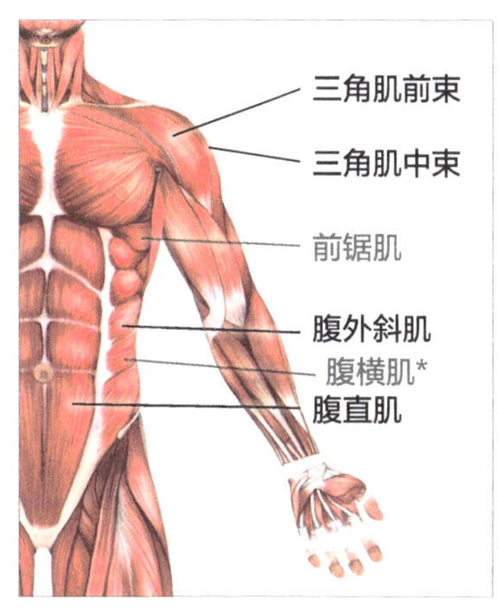

3 躯干向前腿一侧前倾旋转的同时双臂以最快速度将药球砸向身体另一侧地面。当药球反弹至手部时，双手抓住药球，回到起始姿势，重复规定次数。换另一侧重复相同的步骤。

4.4 其他模式

跳箱–上斜俯卧撑–快速伸缩式

扫描二维码
看动作视频

难度等级 高级

辅助器械 跳箱

要点提示

- 核心收紧，躯干挺直，保持骨盆始终处在中立位。
- 双臂爆发式推起时，身体保持整体稳定。
- 下落时注意上肢缓冲，并做好下一次爆发式推起的准备。

主要参与部位

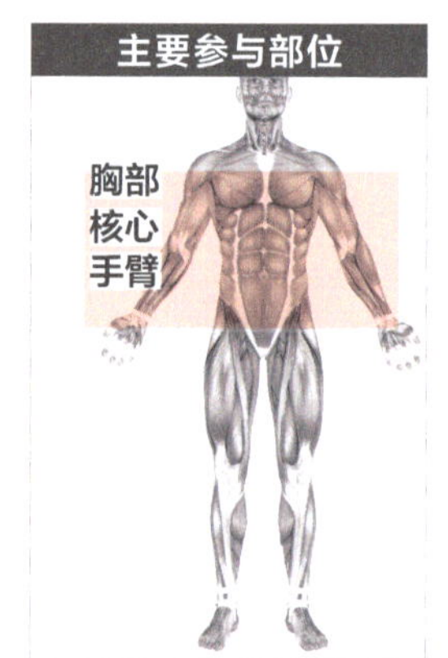

1. 呈俯撑姿势，双臂伸直支撑于跳箱边缘，双脚分开略宽于肩，用脚尖撑地，身体从头到脚呈一条直线。

2. 肘关节快速屈曲，使身体下沉至胸部贴近跳箱。

肌肉图解析

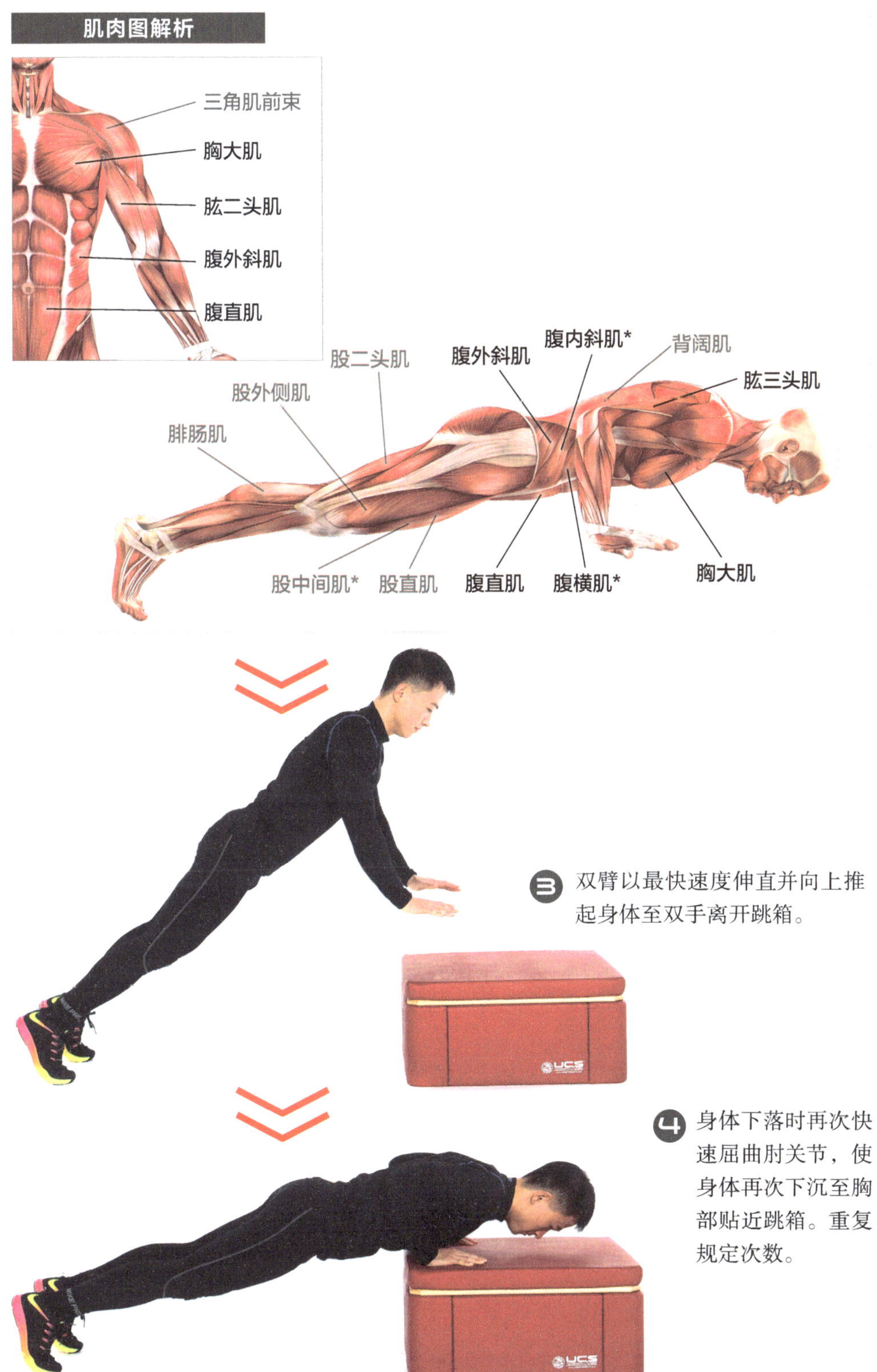

3 双臂以最快速度伸直并向上推起身体至双手离开跳箱。

4 身体下落时再次快速屈曲肘关节，使身体再次下沉至胸部贴近跳箱。重复规定次数。

药球-仰卧起坐-胸前抛接球

扫描二维码
看动作视频

难度等级	中级
辅助器械	药球、瑜伽垫

要点提示

- 全程保持核心收紧，下肢稳定不动。
- 通过腹部发力，带动肩部、手臂将药球推出。

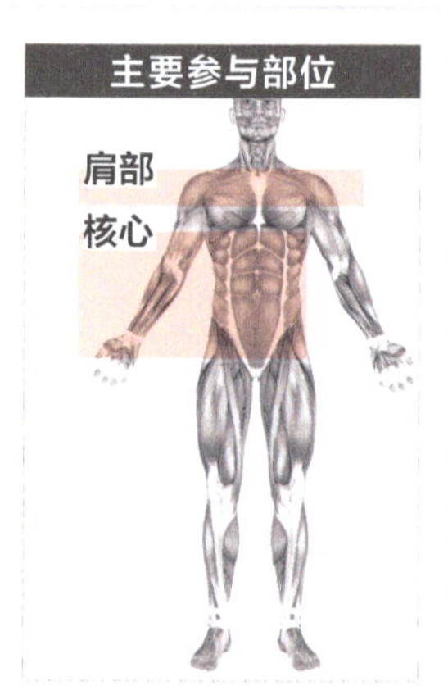

❶ 练习者坐于垫上，双腿屈膝，双脚着地，躯干挺直，双臂屈肘保持接球姿势。搭档立于练习者前方，身体略微下蹲，躯干向前微倾，双手持药球置于体前，做抛球准备。

❷ 搭档将药球抛给练习者，练习者接球后保持腿部姿势不变，躯干快速后仰至背部紧贴瑜伽垫。

肌肉图解析

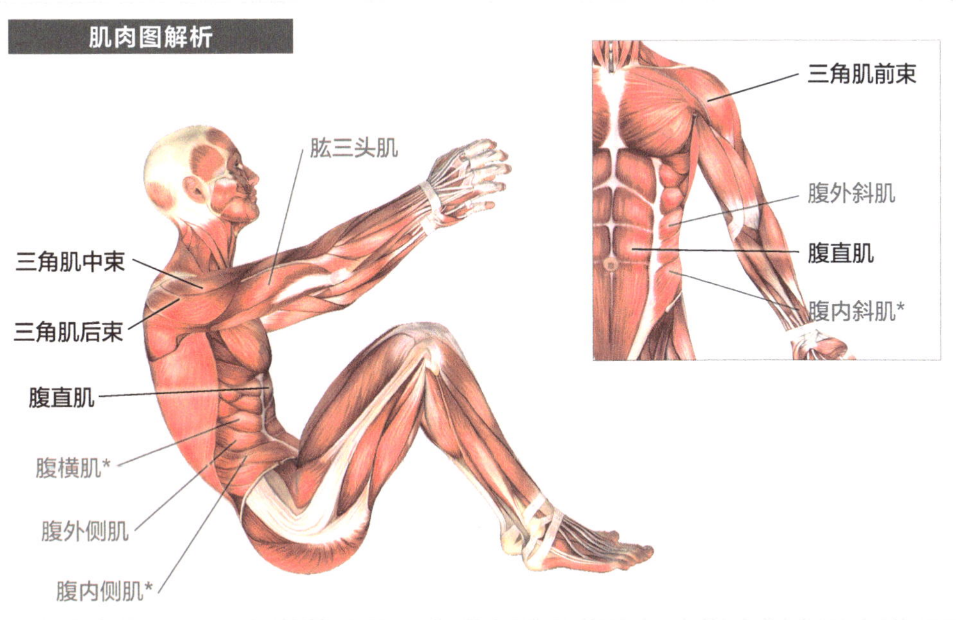

❸ 屈髋卷腹快速坐起，同时将药球推给搭档。搭档接住球再次抛给练习者，重复规定次数。

药球-俄罗斯旋转-侧向抛接球

扫描二维码
看动作视频

难度等级	中级
辅助器械	药球、瑜伽垫

要点提示

- 全程保持核心收紧，下肢稳定不动。
- 腹部两侧发力，带动肩部、手臂将药球抛出。

主要参与部位

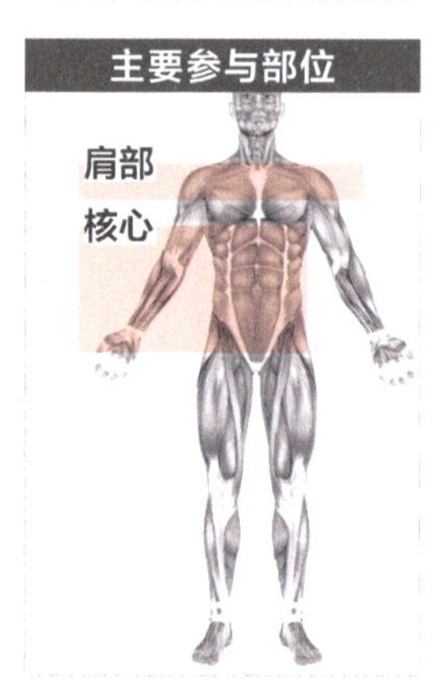

① 练习者坐于垫上，双腿屈膝，两脚着地，躯干挺直，双臂屈时保持接球姿势。搭档立于练习者体侧，身体略微下蹲，躯干向前微倾，双手持药球置于体前，做抛球准备。

② 搭档将药球抛给练习者，练习者接球后保持腿部姿势不变，躯干向远离搭档一侧快速转动，双臂随之向该侧下方移动药球至髋部外侧。

肌肉图解析

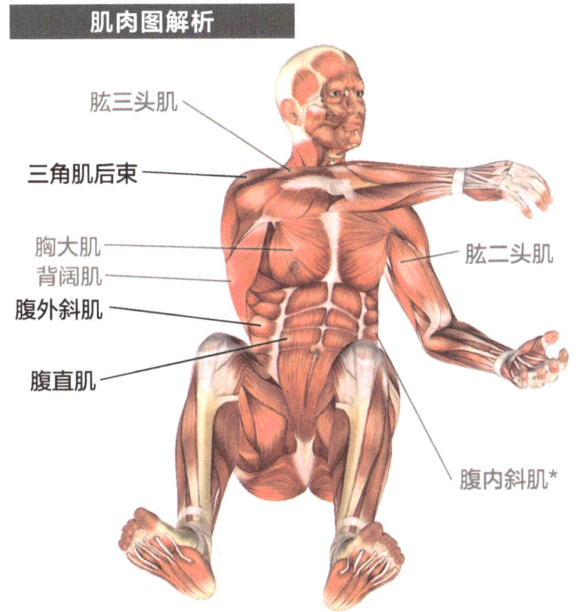

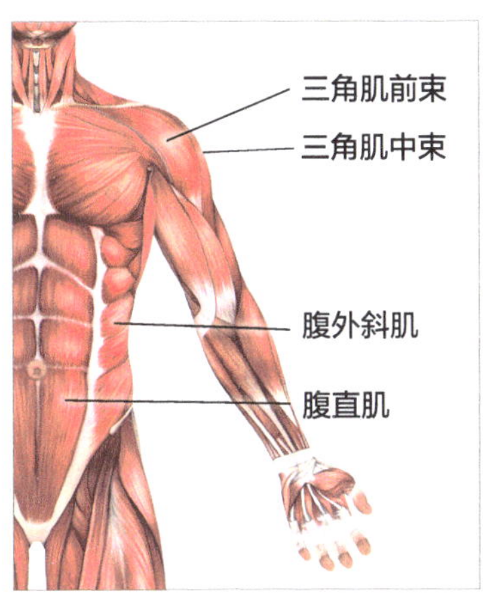

3 躯干快速转回搭档所在的一侧，同时双臂随之向该侧移动并将药球抛给搭档。搭档接住球，再次抛给练习者，重复规定次数。换另一侧重复相同的步骤。

第 5 章

训练计划设计

5.1 快速伸缩复合训练的计划设计

在设计快速伸缩复合训练计划时，除了基于练习者的身体状况、训练水平以及所从事的运动项目以外，还应从需求分析入手，充分考虑快速伸缩复合训练的训练周期、进阶与退阶、热身、训练频率、负荷强度、负荷量、间歇时间、与其他训练结合以及安全注意事项等方面的内容。

需求分析

为了设计一份合理的快速伸缩复合训练计划，教练应该根据练习者的年龄、性别、身体状态和机能、训练目标、训练水平、所从事的运动项目与位置等方面，从其需求角度进行分析，并且评估不同类型的快速伸缩复合训练所带来的风险与效益。只有了解了不同人群的特异性需求，教练才能设计出一份安全、有效的快速伸缩复合训练计划。

训练周期

训练周期主要针对的是竞技体育领域，目前的研究还无法确定快速伸缩复合训练计划的最佳训练周期，但用于改善跳跃能力或提高爆发力的快速伸缩复合训练计划，至少需要连续进行 4 周以上才能显现出一定的效果。通常在需要进行快速伸缩复合训练的运动项目中，根据全年比赛的安排和专项性需求，在练习种类的选择，负荷强度、负荷量等方面都会有相应的变化。

进阶与退阶

设计快速伸缩复合训练计划时在动作难度、负荷强度以及负荷量等方面必须遵循循序渐进的原则。有时根据练习者的身体状态、伤病情况或者比赛安排等因素可以选择退阶的练习动作或降低负荷。一般而言，任何新的快速伸缩复合训练应从低强度开始，逐渐过渡到中等强度，直至高强度，并且随负荷强度的提高，负荷量应该相应地减小。通常我们应该考虑从双脚跳进阶至单脚跳，从原地跳跃进阶至位移跳跃，跳箱和栏架高度逐渐增加，药球重量逐渐增加等。

热身

除了正常的热身、拉伸以外，任何快速伸缩复合训练计划都应包括特定的热身练习。这类特定的热身练习一定要围绕将要进行的快速伸缩复合训练所涉及的肌肉、平面、方向、形式等方面进行选择。例如，一份快速伸缩复合训练计划的主要目标是提高横向动作的爆发力，那么所选择的热身练习可以是横向军步走、横向垫步跳、侧弓步等横向性动作。无论如何，热身应从低强度、动态性的动作开始，逐渐过渡到更高强度的快速伸缩复合训练。

训练频率

训练频率一般是指每周所要进行的快速伸缩复合训练的次数，根据不同运动项目、不同经验水平以及全年比赛安排，运动员每周训练次数为 1 ~ 3 次，对同一身体部位不应连续两天进行训练，以防止过度训练。目前没有相关的文献能够明确训练频率为多少合适，设定训练频率时往往依赖于教练对练习者身体状况的判断以及实践经验。以下快速伸缩复合训练的间隔时间可供参考：通常两次快速伸缩复合训练之间间隔 48 ~ 72 小时。对处于非赛季期的田径运动员而言，训练频率可以达到每周 4 次。同样，功能训练专家迈克·博伊尔将下肢快速伸缩复合训练分为直线型训练和多方向型训练，两种训练方式交替进行，训练频率也可达到每周 4 次。

负荷强度

快速伸缩复合训练的负荷强度是指施加在相关肌肉、结缔组织和关节上的应力，主要由所进行的训练类型控制。以跳绳为例，类似于单摇一样的轻跳，负荷强度就相对偏低；而双摇起跳高度会比单摇高，速度也更快，因此负荷强度会更高一些。除此以外，由于单腿双摇比双腿双摇触地面积更小，所以负荷强度也会相应增大。影响快速伸缩复合训练负荷强度的因素有很多：接触地面的面积越小，负荷强度越高；接触地面的时间越短，负荷强度越高；动作或位移速度越快，负荷强度越高；动作幅度越大，负荷强度越高；身体重心高度越高，负荷强度越高；自身体重越大，负荷强度越高；所抛掷物体重量越大，负荷强度越高。

判断动作负荷强度	负荷强度由低到高
从脚部着地方式判断	双脚跳→交换跳→单脚跳
从运动方向判断	纵向跳→横向跳→旋转跳
从运动方式判断	无反向式→有反向式→双接触式

负荷量

快速伸缩复合训练的负荷量通常表示为在一次训练中跳跃或者抛掷等动作的重复次数、组数或者位移等。通常下肢快速伸缩复合训练的负荷量以脚的触地次数或移动距离来衡量，美国国家体能协会对不同经验水平的练习者提出了初始负荷量的建议：初级水平 80 ~ 100 次 / 周，中级水平 100 ~ 120 次 / 周，高级水平 120 ~ 140 次 / 周。美国运动医学会针对健身爱好者这类人群将快速伸缩复合训练分为三个层级并给出了建议的负荷量：稳定性层级，至多 2 个动作，每组 5 ~ 8 次，1 ~ 3 组；力量层级，至多 4 个动作，每组 8 ~ 10 次，2 ~ 3 组；爆发力层级，至多 2 个动作，每组 8 ~ 12 次，2 ~ 3 组。

间歇时间

由于快速伸缩复合训练会通过竭力性练习来提高人体磷酸原系统的能力，所以需要完全和充分的间歇时间进行恢复。通常高强度的跳深练习次间恢复时间应为 5 ~ 10 秒，组间恢复时间为 2 ~ 3 分钟。间歇时间依据训练类型和负荷量而定，通常训练时间与恢复时间之间的比率为 1 ∶ 5 ~ 1 ∶ 10。

与其他训练结合

快速伸缩复合训练一般作为练习者整体训练计划的一部分，常与力量训练或敏捷性训练相结合，这样可以实现更高的训练效率以及生理适应改善。

安全注意事项

快速伸缩复合训练本身并不危险，但体能基础较差、热身不充分、进阶动作选择不当、不恰当的负荷强度及负荷量、劣质的鞋或太硬的地面都可能增加运动损伤的风险，因此在快速伸缩复合训练开始之前对练习者进行评估非常重要。除了练习者应具备正确的快速伸缩复合训练相关动作和技术外，力量和平衡能力也很重要。在快速伸缩复合训练开始前，教练应展示正确的技术动作并讲解技术要领，这样可以最大限度地提高训练效率和减少运动损伤风险。对初学者而言，应率先掌握正确的落地技术，并且应该具备的 1RM（RM 即最大重复次数）深蹲重量应至少是其体重的 1.5 倍。平衡能力主要指的是下肢在跳跃以后落地时能够保持身体稳定，一个高水平运动员进行高难度快速伸缩复合训练时，必须具备保持单腿半蹲 30 秒的能力。体重过大的练习者，除非是高水平竞技运动员，应避免大负荷量、高负荷强度的快速伸缩复合训练，并且不应该选择高度在 46 厘米以上的跳深练习，因为这会给关节造成过大的压力，所以教练需要慎之又慎。除此以外，教练还要检查训练场地地面是否具有足够的缓冲性能，训练场地空间大小是否能够满足进行快速伸缩复合训练的需要，跳箱是否牢固并且防滑，鞋是否具有良好的稳定支撑或防滑功能等。

5.2 计划示例

系统且进阶式的快速伸缩复合训练计划是体能训练计划的重要组成部分，练习者在进行快速伸缩复合训练之前应具备适当的柔韧性、核心力量和平衡能力，教练应当遵循正确的计划指南以及练习选择标准，制定适当的计划参数以获得最佳结果，并降低运动损伤风险。与所有训练计划一样，需要考虑超负荷的应用，增加拉长负荷（增加跳箱和栏架的高度）就意味着增加强度，从双脚跳进阶至单脚跳同样也可以增加强度，这些需要根据不同训练阶段的目标任务以及练习者的实际水平和身体状态来决定。脚的触地次数可以用来衡量负荷量，触地次数越多，负荷量就越大，与其他训练类型一样，负荷量与负荷强度成反比。经验较少的练习者每节训练课最大努力触地次数不应超过 100 次，而经验丰富的运动员每节训练课最大努力触地次数可以多达 120 ~ 140 次。

当练习者了解这些知识以后，就可以着手制定适合自己的训练计划了，但需要注意训练前要做好充分的热身活动，训练后也应及时拉伸放松。我们为初学者制定了一份逐步进阶的训练计划，准备阶段到第三阶段可以按照表 5.1 所示的标准进行练习，到了第四阶段和第五阶段，你可以结合自己的身体状况和目标任务有针对性地完成一些特定的快速伸缩复合训练。

准备阶段

在准备阶段，我们推荐练习者进行如表 5.1 所示的评估测试。如果练习者可以顺利达标，那么便可以进入系统的快速伸缩复合训练。当然，在没有达标之前，练习者也可以进行一些低强度的快速伸缩复合训练，但是应该在训练过程中适当加入针对未达标项目的纠正性练习，以逐步达到要求的标准水平，进而进入系统的快速伸缩复合训练过程。

表 5.1 初学者在快速伸缩复合训练准备阶段需达到的标准

序号	标准	是否达到标准
1	1RM 深蹲重量是否是体重的1.5 倍以上	是/ 否
2	过顶深蹲动作模式是否正常	是/ 否
3	单腿蹲动作模式是否正常	是/ 否
4	落地错误评分是否达标	是/ 否

1RM 深蹲测试

1RM 深蹲测试主要评估单次深蹲的最大力量以及可以评估下肢整体力量。1RM 深蹲测试需要受试者双脚分开约与肩同宽，脚尖向前，膝关节与足尖方向保持一致。先进行小负荷（轻松完成 5 ~ 10 次）热身；休息 1 分钟后，增加负荷重量使受试者能够完成 3 ~ 5 次重复，休息 2 ~ 4 分钟；继续增加负荷重量，直至测出 1RM 深蹲重量，也可采用 *n*RM 估算出 1RM 深蹲重量。用通过深蹲测试所得出的 1RM 深蹲重量除以受试者体重得出相应的倍数值，如果该值小于 1.5，那么不推荐进行快速伸缩复合训练。

过顶深蹲动作模式评估

过顶深蹲主要评估人体动态柔韧性、核心力量、平衡性以及整体神经肌肉控制能力，它已经被证明可以反映双腿跳跃动作模式是否异常。尤其在跳跃落地阶段，如果我们观察到膝外翻，在一定程度上表明髋外展肌和髋旋外肌力量减弱、髋内收肌过度活跃以及踝关节背屈受限等，这些问题可能会导致更高的运动损伤风险。

过顶深蹲起始姿势要求受试者脱掉鞋子，双脚分开约与肩同宽，足尖指向正前方，足踝复合体处于中立位，同时双臂举过头顶，肘关节充分伸展；要求受试者下蹲至大腿与地面平行的位置；然后恢复至起始姿势，并重复 5 次，测试者从正面、侧面和背面观察受试者的动作。

表 5.2 列出了主要的检查点。测试者应从正面观察足部和膝关节：足尖应保持指向正前方，双膝运动轨迹与足尖（第二、第三脚趾）在一条直线上。测试者应从侧面观察腰椎 – 骨盆 – 髋关节复合体：躯干应与胫骨相对平行。测试者应从背面观察足踝复合体和腰椎 – 骨盆 – 髋关节复合体：足踝复合体应该能够轻度旋前，同时足弓始终可见，足跟在整个动作过程中均能保持接触地面，腰椎 – 骨盆 – 髋关节复合体不能向一侧偏移。

单腿蹲动作模式评估

单腿蹲主要评估人体动态柔韧性、核心力量、平衡性以及整体神经肌肉控制能力，它已经被证明可以反映单腿跳动作模式是否异常。尤其是在单腿跳落地阶段，如果我们观察到一侧肢体膝外翻，在一定程度上表明这一侧下肢髋外展肌和髋旋外肌力量减弱、髋内收肌过度活跃以及踝关节背屈受限等，这些问题可能会导致更高的运动损伤风险。

单腿蹲起始姿势要求受试者脱掉鞋子，单腿站立，双手放在髋关节两侧，足尖指向正前方，足部、踝关节、膝关节与腰椎 – 骨盆 – 髋关节复合体处于中立位，要求受试者单腿下蹲至合适的高度，然后恢复至起始姿势，并重复 5 次，然后换另一侧进行，测试者从正面、侧面和背面观察受试者的动作。

如果已经进行了过顶深蹲动作模式评估，单腿蹲仅需从正面观察膝关节和腰椎 – 骨盆 – 髋关节复合体：支撑腿膝关节运动轨迹与足尖（第二、第三脚趾）在一条直线上，腰椎 – 骨盆 – 髋关节复合体保持水平并朝向正前方（见表 5.3）。

表 5.2　过顶深蹲动作模式检查点

<table>
<tr><th>观察方位</th><th>检查点</th><th>动作观察</th><th>左</th><th>右</th></tr>
<tr><td rowspan="4">正面</td><td rowspan="2">足部</td><td>扁平</td><td>是/ 否</td><td>是/ 否</td></tr>
<tr><td>外八字</td><td>是/ 否</td><td>是/ 否</td></tr>
<tr><td rowspan="2">膝关节</td><td>向内移动</td><td>是/ 否</td><td>是/ 否</td></tr>
<tr><td>向外移动</td><td>是/ 否</td><td>是/ 否</td></tr>
<tr><td rowspan="3">侧面</td><td rowspan="3">腰椎－骨盆－髋关节复合体</td><td>下背部向前反弓</td><td colspan="2">是/ 否</td></tr>
<tr><td>下背部向后弓起</td><td colspan="2">是/ 否</td></tr>
<tr><td>躯干过度前倾</td><td colspan="2">是/ 否</td></tr>
<tr><td rowspan="3">背面</td><td rowspan="2">足踝复合体</td><td>扁平</td><td>是/ 否</td><td>是/ 否</td></tr>
<tr><td>足跟抬起</td><td>是/ 否</td><td>是/ 否</td></tr>
<tr><td>腰椎－骨盆－髋关节复合体</td><td>非对称性中心偏移</td><td colspan="2">是/ 否</td></tr>
</table>

表 5.3　单腿蹲动作模式检查点

<table>
<tr><th>观察方位</th><th>检查点</th><th>动作观察</th><th>左</th><th>右</th></tr>
<tr><td rowspan="5">正面</td><td>膝关节</td><td>向内移动</td><td>是/ 否</td><td>是/ 否</td></tr>
<tr><td rowspan="4">腰椎－骨盆－髋关节复合体</td><td>髋上提</td><td>是/ 否</td><td>是/ 否</td></tr>
<tr><td>髋下降</td><td>是/ 否</td><td>是/ 否</td></tr>
<tr><td>躯干向旋内转</td><td>是/ 否</td><td>是/ 否</td></tr>
<tr><td>躯干向旋外转</td><td>是/ 否</td><td>是/ 否</td></tr>
</table>

落地错误评分系统（LESS）- 改良版

本书介绍的落地错误评分系统基于美国国家运动医学会（NASM）落地错误评分系统进行了一定的改良以更符合实际操作需要。这套评分系统基于跳跃落地概念评估落地技术，主要用于识别跳跃落地时的错误动作模式，并使用不同的答案为“是”或“否”的问题，LESS分数越高则表明落地时错误越多。受试者站在30厘米高的跳箱上，在地上画一条目标线，与受试者的距离为受试者身高的一半。受试者应先观看动作示范，再按照“双脚向前跳并落于目标线的前方，落地后立即尽可能向上起跳并再次落地”的要求进行3次尝试。在落地位置前方和侧方3米左右的位置各放置一台摄像机。测试者通过采集的视频来对受试者的动作进行评估，具体的评估要求见表5.4。

表5.4　落地错误评分系统

序号	评估内容	评分标准
1	从跳箱跳下触地时，膝关节屈曲角度是否大于30度	0= 是，1= 否
2	从跳箱跳下触地时，膝关节是否在足中间的正上方	0= 是，1= 否
3	从跳箱跳下触地时，躯干是否发生屈曲	0= 是，1= 否
4	从跳箱跳下触地时，躯干是否没有发生侧屈	0= 是，1= 否
5	从跳箱跳下触地时，踝关节是否从脚趾过渡到脚后跟	0= 是，1= 否
6	从跳箱跳下触地时，足旋外角度是否没有超过30度	0= 是，1= 否
7	从跳箱跳下触地时，足旋内角度是否没有超过30度	0= 是，1= 否
8	从跳箱跳下触地时，双足距离是否约等于肩宽	0= 是，1= 否
9	从跳箱跳下触地时，双足是否同步落地	0= 是，1= 否
10	起跳前，膝关节屈曲角度是否大于45 度	0= 是，1= 否
11	起跳前，膝关节是否没有出现内扣的情况	0= 是，1= 否
12	膝关节屈曲到最大角度时，髋关节屈曲角度是否大于从跳箱跳下触地时的髋关节屈曲角度	0= 是，1= 否
13	整体落地是否柔和	0= 是，1= 否

第一阶段

表 5.5 给出了第一阶段的训练计划示例，练习者在完成准备阶段的训练后，可以进入此阶段的训练。

表 5.5　初学者快速伸缩复合训练计划：第一阶段

动作名称	高度	负荷量	节奏	间歇时间
跳箱 - 下落呈双脚稳定支撑 - 纵向（第 18 页）	男：30 ~ 45 厘米 女：15 ~ 30 厘米	每组 5 ~ 8 次，1 ~ 3 组	可控（保持落地姿势 1 ~ 2 秒）	练习间：10 ~ 15 秒 组间：1 ~ 2 分钟
跳箱 - 无反向式 - 双脚跳 - 纵向 - 双脚落地（第 20 页）	男：45 ~ 90 厘米 女：30 ~ 60 厘米	每组 5 ~ 8 次，1 ~ 3 组	可控（保持落地姿势 1 ~ 2 秒）	练习间：10 ~ 15 秒 组间：1 ~ 2 分钟

第二阶段

表 5.6 给出了第二阶段的训练计划示例，练习者在完成第一阶段的训练后，可以进入此阶段的训练。

表 5.6　初学者快速伸缩复合训练计划：第二阶段

动作名称	高度	负荷量	节奏	间歇时间
跳箱 - 有反向式 - 双脚跳 - 纵向 - 双脚落地（第 24 页）	男：45 ~ 105 厘米 女：30 ~ 75 厘米	每组 6 ~ 10 次，2 ~ 3 组	可控（保持落地姿势 1 ~ 2 秒）	练习间：10 ~ 15 秒 组间：1 ~ 2 分钟
跳箱 - 双接触式 - 双脚跳 - 纵向 - 双脚落地（第 28 页）	男：30 ~ 60 厘米 女：15 ~ 45 厘米 （跳下跳箱高度男设定为 30 ~ 45 厘米，女设定为 15 ~ 30 厘米）	每组 6 ~ 10 次，2 ~ 3 组	过渡阶段尽可能地快	练习间：10 ~ 15 秒 组间：1 ~ 2 分钟

第三阶段

表 5.7 给出了第三阶段的训练计划示例，练习者在完成第二阶段的训练后，可以进入此阶段的训练。

表 5.7　初学者快速伸缩复合训练计划：第三阶段

动作名称	高度	负荷量	节奏	间歇时间
栏架－无反向式－双脚跳－纵向*	男：30～60 厘米 女：15～45 厘米	每组6～10次，2～3组	可控（保持落地姿势1秒左右）	练习间：无间歇 组间：1～2分钟
栏架－有反向式－双脚跳－纵向*	男：30～60 厘米 女：15～45 厘米	每组6～10次，2～3组	可控（保持落地姿势1秒左右）	练习间：无间歇 组间：1～2分钟
跳箱－栏架－双接触式－双脚跳－纵向*	栏架 男：30～60 厘米 女：15～45 厘米 跳箱 男：30～45 厘米 女：15～30 厘米	每组6～10次，2～3组	过渡阶段尽可能地快	练习间：无间歇 组间：1～2分钟

*该动作本书未做介绍，相关要点请参考类似动作。

第四阶段

表 5.8 给出了第四阶段的训练计划示例，练习者在完成第三阶段的训练后，根据自身的训练目标，有针对性地选择一些动作进行强化练习，包括交换跳、单脚跳或者横向类、旋转类的动作，自行设计本阶段的训练计划。

表 5.8　初学者快速伸缩复合训练计划：第四阶段（以横向跳为例）

动作名称	高度	负荷量	节奏	间歇时间
跳箱－箱上下落呈双脚稳定支撑－横向（第19页）	男：30～45 厘米 女：15～30 厘米	每边4～6次，1～3组	可控（保持落地姿势1～2秒）	练习间：10～15秒 组间：1～2分钟
栏架－无反向式－双脚跳－横向（第30页）	男：30～60 厘米 女：15～45 厘米	每边4～6次，1～3组	可控（保持落地姿势1～2秒）	练习间：10～15秒 组间：1～2分钟

续表

动作名称	高度	负荷量	节奏	间歇时间
栏架－有反向式－双脚跳－横向（第32 页）	男：30 ~ 60 厘米 女：15 ~ 45 厘米	每边4 ~ 6 次，1 ~ 3 组	可控（保持落地姿势1 秒左右）	练习间：10 ~ 15 秒 组间：1 ~ 2 分钟
跳箱－栏架－双接触式－双脚跳－横向（第34 页）	栏架 男：30 ~ 60 厘米 女：15 ~ 45 厘米 跳箱 男：30 ~ 45 厘米 女：15 ~ 30 厘米	每边4 ~ 6 次，1 ~ 3 组	过渡阶段尽可能地快	练习间：10 ~ 15 秒 组间：1 ~ 2 分钟

第五阶段

表 5.9 给出了第五阶段的训练计划示例，练习者在完成第四阶段的训练后，根据自己喜爱或者从事的运动项目，将快速伸缩复合训练与特定的步法结合来设计一些动作。

表 5.9　初学者快速伸缩复合训练计划：第五阶段（以篮球运动员为例）

动作名称	高度	负荷量	节奏	间歇时间
手持篮球－滑一步后跳上跳箱*	第一组：60 厘米 第二组：75 厘米 第三组：90 厘米	每边4 次，3 组	可控（保持落地姿势1 秒左右）	练习间：10 ~ 15 秒 组间：1 ~ 2 分钟
手持篮球－交叉步跳上跳箱*	第一组：60 厘米 第二组：75 厘米 第三组：90 厘米	每边4 次，3 组	可控（保持落地姿势1 秒左右）	练习间：10 ~ 15 秒 组间：1 ~ 2 分钟

*该动作本书未做介绍，相关要点请参考类似动作。

参考文献

[1] 詹姆斯·拉德克里夫，罗伯特·C. 法伦蒂诺斯 . 高强度爆发式快速伸缩复合训练 : 第 2 版 [M]. 陈洋，高延松，译 . 北京 : 人民邮电出版社，2018.

[2] 唐纳德·A. 楚，格雷戈里·D. 迈尔 . 快速伸缩复合训练指南 [M]. 高延松，陈洋，译 . 北京 : 人民邮电出版社，2019.

[3] 美国国家运动医学学会，等 . NASM–CPT 美国国家运动医学学会私人教练认证指南 : 第 6 版 [M]. 沈兆喆，JUZPLAY® 运动表现训练，译 . 北京 : 人民邮电出版社，2019.

[4] 美国国家运动医学学会，等 . NASM–CES 美国国家运动医学学会纠正性训练指南 : 修订版 [M]. 王雄，JUZPLAY® 运动表现训练，译 . 北京 : 人民邮电出版社，2019.

[5] 美国国家运动医学学会，等 . NASM–PES 美国国家运动医学学会运动表现训练指南 : 第 2 版 [M]. 崔雪原，JUZPLAY® 运动表现训练，译 . 北京 : 人民邮电出版社，2020.

[6] 美国国家体能协会，托德·米勒 . 美国国家体能协会体能测试与评估指南 [M]. 高炳宏，杨涛，译 . 北京 : 人民邮电出版社，2019.

[7] 王雄，沈兆喆 . 身体功能训练动作手册 [M]. 北京 : 人民体育出版社，2014.

[8] 田麦久，刘大庆 . 运动训练学 [M]. 北京 : 人民体育出版社，2012.

[9] 王瑞元，苏全生 . 运动生理学 [M]. 北京 : 人民体育出版社，2012.

[10] 曹小祥 . 论快速伸缩复合训练在竞技体育中的训练——起源、问题、发展 [J]. 安徽体育科技，2017, 38(01):19–23.

[11] 图德·O. 邦帕，卡洛·A. 布齐凯利 . 周期训练理论与方法 : 第 6 版 [M]. 曹晓东，黎涌明，杨东汉，尹晓峰，译 . 北京 : 人民邮电出版社，2019.

作者简介

沈兆喆

国家体育总局训练局体能康复中心体能训练师；曾不同时期与多支国家队和优秀运动员合作；参与编著《身体功能训练动作手册》；译有《速度训练：理论要点、动作练习与运动专项训练计划》《NASM-CPT 美国国家运动医学学会私人教练认证指南（第 6 版）》等书。

王雄

清华大学运动人体科学硕士，体育教育训练学博士，副研究员；国家体育总局训练局体能训练中心创建人、负责人；国家体育总局备战 2012 伦敦奥运会身体功能训练团队召集人，备战 2016 里约奥运会身体功能训练团队体能训练组组长；为游泳、排球、乒乓球、羽毛球、体操、跳水、举重和帆板等十余支国家队提供过体能测评和训练指导服务；中国体育科学学会体能训练分会常委，北京体育科学学会体能分会副主任委员，北京体能训练协会常务理事；清华－长三角研究院特聘研究员；《身体功能训练动作手册》和“儿童身体训练动作指导丛书”主编；译有《精准拉伸：疼痛消除和损伤预防的针对性练习》《体育运动中的功能性训练（第 2 版）》《自由风格训练：4 个基本动作优化运动和生活表现》《美国国家体能协会力量训练指南（第 2 版）》等书，在《体育科学》、*Journal of Sports Sciences* 等中外期刊发表文章十余篇；研究方向包括身体训练（专业体能和大众健身）、健康促进工程和青少年体育等。